古玩图鉴

根据民国收藏家赵汝珍《古玩指南》改编

文房清供篇

本书为『文房清供篇』，主要介绍了我国历代文房器物的源流、种类及鉴别方法。

传世文化 编

北京出版集团公司
北京美术摄影出版社

图书在版编目（CIP）数据

古玩图鉴. 文房清供篇／传世文化编 . — 北京：
北京美术摄影出版社，2018.10
ISBN 978-7-5592-0116-4

I . ①古… II . ①传… III . ①古玩—中国—图集②文
化用品—中国—古代—图集 IV . ① K870.2 ② K875.42

中国版本图书馆 CIP 数据核字（2018）第 083632 号

责任编辑：董维东
助理编辑：于浩洋
责任印制：彭军芳
装帧设计：北京传世文化发展中心

古玩图鉴
文房清供篇
WENFANG QINGGONG PIAN
传世文化　编

出　　版　北京出版集团公司
　　　　　北京美术摄影出版社
地　　址　北京北三环中路 6 号
邮　　编　100120
网　　址　www.bph.com.cn
总 发 行　北京出版集团公司
发　　行　京版北美（北京）文化艺术传媒有限公司
经　　销　新华书店
印　　刷　鸿博昊天科技有限公司
版 印 次　2018 年 10 月第 1 版第 1 次印刷
开　　本　787 毫米 ×1092 毫米　1/16
印　　张　10
字　　数　150 千字
书　　号　ISBN 978-7-5592-0116-4
定　　价　58.00 元

如有印装质量问题，由本社负责调换
质量监督电话　010-58572393

目　　录

第一章　毛　笔 ……………………………………………………… 1

一、毛笔的源流 …………………………………………………… 2

　　（一）毛笔的诞生 ……………………………………………… 3

　　（二）史籍中对毛笔起源的记载 ……………………………… 5

　　（三）毛笔的发展 ……………………………………………… 6

二、毛笔述要 ……………………………………………………… 9

　　（一）毛笔的原料 ……………………………………………… 9

　　（二）毛笔的制作 ……………………………………………… 12

　　（三）毛笔的种类 ……………………………………………… 16

三、毛笔的收藏与鉴别 …………………………………………… 18

　　（一）毛笔的优劣 ……………………………………………… 20

　　（二）毛笔的鉴别 ……………………………………………… 21

第二章　墨 ………………………………………………………… 26

一、墨述要 ………………………………………………………… 26

　　（一）墨的出现 ………………………………………………… 28

　　（二）墨的发展 ………………………………………………… 28

　　（三）墨的种类 ………………………………………………… 33

二、墨的收藏与鉴别 ……………………………………………… 34

　　（一）墨的价值 ………………………………………………… 34

　　（二）古代名墨 ………………………………………………… 38

　　（三）制墨名家 ………………………………………………… 42

　　（四）墨的仿制 ………………………………………………… 44

　　（五）墨的鉴别 ………………………………………………… 46

三、彩墨 …………………………………………………………… 50

第三章　纸 ··· 51

一、纸的源流 ··· 51

　（一）纸的发明 ··· 52

　（二）纸的发展 ··· 53

二、纸述要 ·· 59

　（一）纸的原料及制作 ··· 59

　（二）纸的种类 ··· 60

　（三）纸的选择方法 ··· 63

　（四）纸的使用方法 ··· 64

三、纸的收藏与鉴别 ··· 65

　（一）纸的价值 ··· 65

　（二）纸的鉴别 ··· 67

第四章　砚 ··· 70

一、砚的源流 ··· 70

　（一）砚的诞生 ··· 71

　（二）砚的发展 ··· 72

二、砚述要 ·· 74

　（一）砚的种类 ··· 74

　（二）砚的式样及名称 ··· 88

三、砚的收藏与鉴别 ··· 89

　（一）砚的收藏 ··· 89

　（二）砚的价值 ··· 90

　（三）砚的仿制 ··· 91

　（四）砚的鉴别 ··· 92

第五章　印　章 ··· 104

一、印章的源流 ·· 104

　（一）印章的出现 ··· 104

　（二）印章的发展 ··· 105

二、印章述要 ··· 106

　（一）印章的材料 ··· 108

　（二）印章的种类 ··· 110

三、印章的收藏与鉴别 ·· 113

（一）印章的仿制 ··· 113

（二）印章的鉴别 ··· 113

（三）印章的价值 ··· 114

第六章　其他文房器物 ··· 115

一、笔格、笔筒等 ··· 115

二、印色 ··· 125

第七章　琴及非铜乐器 ··· 134

一、琴的源流 ··· 135

（一）琴的诞生 ··· 135

（二）琴的发展 ··· 137

二、琴述要 ··· 139

（一）琴的原料及制作 ··· 139

（二）古代名琴 ··· 144

三、琴的鉴别 ··· 147

（一）琴的仿制 ··· 147

（二）琴的鉴别 ··· 147

四、古代乐器 ··· 151

第一章 毛 笔

笔、墨、纸、砚是我国传统的"文房四宝"，是古代文人书房中必备的四件"宝贝"。因古代文人大多能诗会画，所以笔、墨、纸、砚缺一不可。

笔的种类繁多，但在古代专指毛笔，是我国流传最久的、独特的传统书写、绘画工具。中国传统的书写绘画基本上都是靠毛笔来完成的，一是因为当时其他的书写工具十分有限，二是因为毛笔在表达中华书法、绘画的特殊韵味上具有独特的优势。毛笔也因其自身独有的书写优点而受到历代文人墨客的喜爱，位居"文

黄釉毛笔

各式毛笔（4支）

房四宝"之首。但是，由于毛笔易损，不易保存，故能流传至今的古笔已经并不多见。

毛笔是作为一种实用工具而出现的，最早被用作书写工具。但随着社会经济文化的发展和人们需求的多样化，毛笔的作用已经不再仅仅局限于书写和绘画。人们开始把毛笔作为收藏、挂摆、送礼之选。毛笔制作工艺的不断提高、品种的不断增多，使毛笔日益完善和精美，逐渐成为有收藏价值的鉴赏珍玩。

剔红花卉绶带鸟毛笔

剔红松下对弈图毛笔

一、毛笔的源流

毛笔在我国有着非常久远的历史。早在战国时期，我国文人对毛笔的使用就已相当普遍。

我国最早的毛笔，可追溯到 2000 多年前。一般人都认为是秦国的大将军蒙恬发明了毛笔，但考古学家们发现殷墟出土的甲骨片上所残留的朱书与墨迹，就是用毛笔所写。照此推断，毛笔的起源很自然地就追溯到了殷商之前，而蒙恬应该是毛笔的改良者。虽然迄今为止还没有发现西周以前的毛笔实物，但从史前的彩陶花纹、商代的甲骨片等均可发现一些用毛笔的迹象。而东周时期的竹木简、缣帛上就已广泛使用毛笔进行书写。

铜墨盒　水注　象牙毛笔　黑漆银丝镇尺（1 对）

剔红花卉纹毛笔

青花花卉毛笔

湖北省随州市擂鼓墩曾侯乙墓曾经出土过春秋时期的毛笔。随后，湖南省长沙市左家公山出土了战国笔，湖北省云梦县睡虎地、甘肃省天水市放马滩出土了秦笔，长沙马王堆、湖北省江陵县凤凰山、甘肃省武威市、敦煌市悬泉置和马圈湾、内蒙古自治区古居延地区出土了汉笔，甘肃武威出土了西晋笔，这些出土的宝贵资料，对于毛笔源流的研究有重要的参考价值。

剔红云龙毛笔

（一）毛笔的诞生

关于毛笔的诞生，一直有蒙恬造笔一说。相传前 223 年，秦国大将蒙恬带兵在外作战，受当时的通信工具条件的限制，他要定期写战报向秦王报告最新战况。那时，因为还没有发明毛笔，人们用竹签写字很不方便，蘸了墨写不了几个字又要蘸。传说，蒙恬打猎时看见一只受伤的兔子的尾巴在地上拖出了血迹，心里一下来了灵感。他立刻剪下一缕兔尾毛，插在竹管上，蘸上墨，试着用它来写字。可是兔毛油光光的，不吸墨。蒙恬又试了几次，还是不行，于是随手把那支"兔毛笔"扔进了门前的石坑里。过了几日，他无意中看见了那支被自己扔掉的毛笔。他发现湿漉漉的兔毛变得很白，感到很奇怪，于是，他又把那支笔捡起来，将兔毛笔在墨盘里一蘸，没想到兔毛笔竟变得非常"听话"，写起字来非常流畅。原来，石坑里的水含有石灰质，经碱性水的浸泡，兔毛的油脂被去掉了，就变得柔顺起来，也能吸墨了，于是，毛笔就这样诞生了。这就是传说中毛笔的来历。

极品小毛笔（10 支）

剔犀云纹毛笔

白玉浅刻人物毛笔

剔红松下人物毛笔

也有人说蒙恬曾在善莲村取羊毫制笔，在当地被人们奉为笔祖。又传蒙恬的夫人卜香莲是善莲西堡人，也精通制笔技艺，被尊为"笔娘娘"。蒙恬与夫人将制笔技艺传授给村民，为了纪念他们，当地笔工就在村西建了蒙公祠，将绕村而过的小河改名为蒙溪。

据说，蒙恬是在出产最好兔毫的赵国中山地区，取当地上好的秋兔之毫制笔的。湖北云梦秦墓中出土的3支竹管毛笔，用竹制笔管，在笔管前端凿孔，将笔头插在孔中，另做一支与笔管等长的竹管当笔套，将毛笔置于笔套之中，再用胶粘牢。为取笔方便，笔套中间镂有8.5厘米长的长方形孔槽，竹筒涂以黑漆，并绘有

毛笔（9支）

红色线条。可见，当时秦笔的制作已经有了一套相当完整的制作工艺，而且与现在的笔及其制法颇有相似之处，比战国时期的楚国笔已大有进步。

东汉许慎的《说文解字》记载："秦谓之笔，楚谓之聿，吴谓之不律，燕谓之弗。"先秦书籍中没有"笔"字，而"聿"字早在商代就出现了，秦始皇只是统一了笔的叫法，可见笔早于秦代就存在了。清代著名学者赵翼在《陔余丛考》中的"造笔不始蒙恬"条中写道："笔不始于蒙恬明矣。或恬所造，精于前人，遂独擅其名耳。"看来，这一评述还是有一定根据的。

扇骨毛笔

黑漆嵌螺钿毛笔

紫檀毛笔

唐代韩愈在《毛颖传》中以笔拟人，其中也提到蒙恬伐中山，俘捉毛颖，秦始皇宠之，封毛颖为"管城子"。后世又以"毛颖""管城子"为笔的代称。除此之外，毛笔还有"毛锥子""中书君""龙须友""尖头奴"等名称。

其实，我国的毛笔早在 6000 多年前的仰韶文化时期就已经有了雏形。现今发现最早的毛笔实物为 1945 年湖南长沙战国楚墓出土的毛笔，笔杆用竹管制成，笔头用兔毛包在竹管的外围，

（二）史籍中对毛笔起源的记载

《法苑珠林》二十五卷记载："昔过去久远，阿僧祇劫，有仙人名最胜，不惜身命，剥皮为纸，刺血为墨，析骨为笔，为众生故。"

晋代成公绥《弃故笔赋》记载："有仓颉之奇生，列四目而并明，乃发虑于书契，采秋毫之颖芒，加胶漆之绸缪，结三束而五重，建犀角之玄管，属象齿于纤锋，是笔始于仓颉也。"

《物原》记载："虞舜造笔，以漆书于方简。"

《困学纪闻》引《御览·太公笔铭》记载："毫毛茂茂，陷水可脱，陷文不活。"

粉彩描金云龙纹瓷管笔

当时是用来在竹木简牍上进行书写的。后来随着造纸术的推广，毛笔也得到了一定的发展。所以后来考古发现的毛笔就比较多，如甘肃武威出土的两支汉笔，笔杆刻有"白马作""史虎作"的名款。白马、史虎，为我国最早的古代制笔工匠的姓名。相传东晋安徽宣州陈氏所制毛笔为大书法家王羲之所喜用。唐代宣州成为制笔中心，元代浙江湖州成为新兴的制笔中心，山东莱州也有数百年的制笔历史。

翡翠玛瑙毛笔

象牙管毛笔　　　　　毛笔

《尚书·中候》记载："元龟负图出，周公援笔以时文写之。"

《援神契》记载："孔子作《孝经》簪缥笔，又绝笔于获麟。"

《曲礼》记载："史载笔。"

《诗》记载："彤管有炜。"

《尔雅》记载："不律谓之笔。"

《庄子》记载："画者吮笔和墨。"

《博物志》记载："蒙恬造笔。"

《初学记》记载："秦之前有笔矣，恬更为之损益耳。"

《韩诗外传》记载："周舍为赵简子臣，

竹雕人物毛笔

墨笔操牍从君之后，伺君过而书之。"

《淮南子·本经训》记载："仓颉作书，而天雨粟，鬼夜哭。"高诱注："以为鬼，或作'兔'，兔恐见取毫作笔，害及其躯，故夜哭。"

铜镏金云龙纹毛笔

马缟《中华古今注》记载："白笔，古珥之遗像也。腰带剑首、珥笔，示君子文武之备焉。"

（三）毛笔的发展

毛笔是书写绘画的工具，是传播知识的媒介。人们把它列为"笔、墨、纸、砚"文房四宝中的第一宝，这是对毛笔的最高评价。

珐琅管羊毫提笔

竹管小紫颖笔

从原始社会所画的彩陶花纹来看，笔锋爽利，弯转圆滑，显然是用毛笔勾画的，但其形制却无从考察。目前发现最早的毛笔实物，是在湖南长沙和河南信阳等地的战国墓中出土的。当时的毛笔，笔管是用竹管制作的，并髹以漆汁，用麻丝把兔毛包裹在竹杆外周，形成笔头，笔锋尖挺。可见当时的毛笔已基本定型，并有了装饰。

秦将蒙恬将竹管兔毫毛笔改为以鹿毛和羊毛混合制作的笔头，用不易变形的枯木为笔杆，一头劈成数片，将笔头夹在中间，再用麻线缠紧，涂漆加固。毛笔的制作，秦代已经有一定的流程。

到了晋代，安徽宣城出产一种紫毫笔，以紫兔毫为原料精制而成，笔锋尖挺而耐用，享名于世。

隋唐时期，经济发达，文化繁荣，文房四宝的制作进入了鼎盛时期。唐代安徽的宣州已发展成为全国的制笔中心，所制的"宣笔"十分精良，深为当时文人雅士所称道。唐代的毛笔，早期沿用魏晋制笔之旧法，以兔毫为柱，笔芯比较短，过于刚硬，又容易干枯，于是又出现了一种笔锋较长并稍柔软的毛笔。由于长笔锋的出现，带动了唐宋时期纵横洒脱的书法风格的发展。

雕漆牡丹毛笔

嵌螺钿诗文毛笔

玉雕人物梅花毛笔

象牙毛笔（1对）

宋代，制笔名工辈出，所制的笔改变了晋代以前的风格，逐渐向软熟、虚锋、散毫等方面发展。

元、明、清时期，制笔技术有了很大提高，浙江吴兴的湖笔逐渐取代了宣笔。湖笔是用山羊毛、野兔毛或黄鼠狼毛，经过浸、拔、并、配等70多道工序精制而成的。其笔锋尖韧，修削整齐，丰圆劲健，具备了"尖、齐、圆、健"，即笔之"四德"。湖笔的制作技术逐渐传播到江浙等地。

翠毛笔

明、清时期制笔，不但讲求实用，更加注重装饰，除常见的竹笔管外，还创制了金、银、瓷、象牙、玳瑁、玻璃等笔管，加之镶嵌、雕刻，使其成为一种精细雅致的工艺品。传世品中，明代的嘉靖彩漆云龙管笔、万历青花缠枝莲龙纹管羊毫提笔等比较有名。

古代毛笔，传世不多，收藏古笔比较困难，但可以收藏与毛笔有密切关系的笔架、笔筒。

明代嘉靖年间的彩漆云龙管笔，现存中国

台北"故宫博物院"。该笔管长16.9厘米，径1.7厘米，笔管的笔腔和笔套的插口均镶有金扣。笔管的上方，有金漆题签，楷书"大明嘉靖年制"款。笔管和笔套均髹黑漆为地，用彩漆描绘山、海、云龙戏珠纹，寥寥数笔，就勾画出一派海阔天高的意境。笔头毛色光润，浑圆壮实，锋尖锥状，美观挺拔，精工巧制，四德完备，充分反映了明代制笔工艺的高超水平。此笔是专供皇帝使用的御用贡品。

五彩花卉纹毛笔

剔红松下人物毛笔　　　剔红龙纹毛笔

二、毛笔述要

（一）毛笔的原料

古代用来制作毛笔的原料种类繁多，曾有兔毛、白羊毛、青羊毛、黄羊毛、羊须、马毛、鹿毛、麝毛、獾毛、狸毛、貂鼠毛、鼠须、鼠尾、虎毛、狼尾、狐毛、獭毛、猩猩毛、鹅毛、鸭毛、鸡毛、雉毛、猪毛、胎发、人须、茅草等。

兔毛：出自于宣州溧水县的中山，在县城东南15里的地方。兔毛制笔精妙。《元和郡县志》二十八卷《右军笔经》记载："中山兔肥、毫长，故可用。"

青毫、紫毫。颜师古《隋遗录》记载："张丽华试东郭逡紫毫笔，答江令壁月句。"段公

旧毛笔

青花矾红云蝠龙纹毛笔

象牙毛笔

路《北户录》记载："宣城岁贡青毫六两、紫毫三两。"白乐天诗云："每岁宣城进笔时，紫毫之价如金贵。"又云："宣城石上有老兔，食竹饮泉生紫毫。"

羊须。《天中记》记载："陶隐居，用羊须笔，封丹鼎。"

羊毛：大多地区都有出产，嘉兴峡石湖出产的羊毫是最好的，秀水等县的稍微差一点，嘉善、海盐所产的羊毫都不太好。

青羊毛。《树萱录》记载："番禺诸郡多用青羊毛为笔。"

黄羊毛：中国西北部有黄羊，西夏国存在时，曾经取黄羊的尾毫制成笔，这是听钱少詹（大昕）所言。

鹿毛。崔豹《古今注》记载："自蒙恬始造，秦笔耳。以枯木为管，鹿毛为柱，羊毛为被。所谓苍毫，非兔毫，竹管也。"

翡翠毛笔

晋代王隐《笔铭》记载："岂其作笔，必兔之毫，调利难秃，亦有鹿毛。"《地理志》记载："蕲州土贡鹿毛笔。"

麝毛、狸毛。郑虔云："麝毛一管，可书四十张，狸毛八十张。"《朝野金载》记载："欧阳通笔，用狸毛为心，覆以秋兔毫。"《树萱录》记载："番禺诸郡为笔，或用麝毛、狸毛。"

鼠须。《法书要录》记载："右军写《兰亭序》以鼠须笔。"《法书要录》记载："右军得笔法于白云先生，遗之鼠须笔。"《文房四谱》记载："钟繇、张芝皆用鼠须笔。"《归田录》记载："蔡君谟为永叔写《集古目录序》，欧以鼠须栗尾笔为润笔。"

虎仆。见《博物志》。李日华《六研斋二笔》记载："皇甫松赋，书抽虎仆者，小兽状。似狸，善缘树。皮毛斑蔚如豹。取其尾毳缚笔最健，即九节狸也。"

虎毛。《云仙杂记》记载："有僦马生，甚贫。遇人，与虎毛红管笔一枝。曰'所须，但呵笔即得之'。"

蚼蛉。《广志》记载："蚼蛉鼠毛可以为笔。"

丰狐、龙筋、猩猩毛狼毫。《文海披沙记笔》记载："有丰狐、蚼蛉、龙筋、虎仆及猩猩毛狼毫，虽奇品而醇正得宜不及中山兔毫。"《考槃餘事》记载："朝鲜有狼尾笔，亦佳。"

石鼠。《广韵》记载："石鼠出蜀地，毛可作笔。"

貂鼠：明臧晋叔让工匠用貂鼠制笔，所制成的笔圆劲，显得肥笨。

獭毛：见《山谷笔说》。

狨毛：同上。

白玉毛笔　　　　　　　　　　嵌螺钿庭院人物毛笔

象牙毛笔套件　　　　　　　　青玉毛笔

鹅毛。白居易《渭村退居》云："对秉鹅毛笔，俱含鸡舌香。"

鸭毛：鸭毛笔，见《北户录》。

鸡毛、雉毛。《博物志》记载："山岭外少兔，以鸡、雉毛亦妙。"《树萱录》记载："番禺诸郡为笔，或用山雉、丰狐之毫。"陈眉公《妮古录》记载："宋时有鸡毛笔、檀心笔。"

鸡距。白居易《鸡距笔赋》记载："足之健兮有鸡足。毛之劲兮有兔毛。就足之中奋，发者利距；在毛之内，秀出者长毫。"黄山谷诗云："宣城变样蹲鸡距，诸葛名家将鼠须。"

猪毛。王佐《文房论》记载："永乐初，吉水郑伯清以猪毛为笔，健而可爱，其心则长。"

黄毛。《续文献通考》记载："朝鲜国贡黄毛笔。"

胎发。萧祭酒笔用胎发为柱，唐齐己《送胎发笔寄仁公》诗云："内惟胎发外秋毫，绿玉新裁管束牢。"

人须。张怀瓘《书断》记载："岭南无兔，尝有郡牧得其皮，使工人削笔，醉失之。大惧，因剪己须为笔，甚善。更使为之，工人辞焉，以实对。遂下令使一户输人须，或不能致，辄责其直。事见《岭南异物志》。"

荆笔。《拾遗记》记载："任末，字叔本，年十四，削荆为笔。"

荻笔。《南史》记载："陶弘景四五岁以荻为笔。"

木笔。《孔六帖》记载："于阗以木为笔。"

竹丝笔：见岳珂《玉楮集》。

仙茅笔：见《朱竹垞集》。

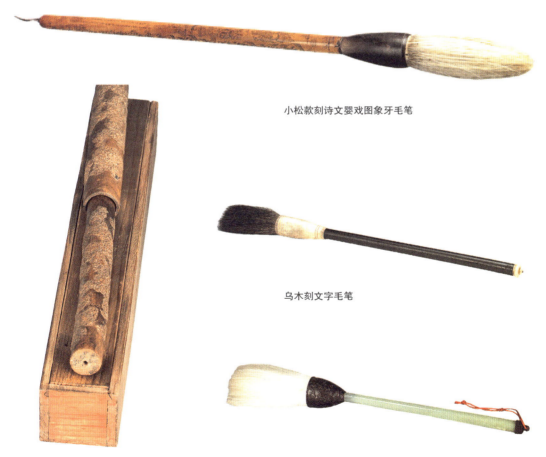

小松款刻诗文婴戏图象牙毛笔

乌木刻文字毛笔

青玉紫檀毛笔

仲美铭紫砂毛笔

（二）毛笔的制作

我国自隋唐以来，制笔工艺发展到了相当高的水平，到明清时，制笔技术又有了进一步的提高，我国制笔工艺的发展达到了鼎盛时期。传统的制笔工艺大致要经过浸、拔、并、配等70多道工序，制作过程非常复杂。

毛笔一般是由笔尖和笔杆两部分组成的。

笔尖的制作

制作毛笔笔尖的材料主要是兽毛禽羽，即动物纤维，也有很少的一部分是用植物纤维制成的。"笔之所贵者在毫"，毫的选材对于笔来说是十分关键的。选毫的不同，往往就已经决定了笔的长短、粗细的不同特点。

羊毫：即用羊毛做成。古代以浙江嘉兴、碛石生产的羊毫为佳品，秀水等县次之，多以青羊毛为之。羊毛质柔，需要在黑夜择光取之，谓之宿羊毫。此毫能受墨，但不易使用。取之乳际者，谓之乳羊毫。乳羊毫制成的笔，质柔和，但毛短不能做大字。取诸小羊者，谓之子羊毫。保存日久者，谓之陈羊毫，用陈羊毫制成的笔，柔中有刚。

紫毫：是用紫色兔毛制成。又叫"紫毫笔""紫霜毫"。兔毫有紫和花白之分，紫毫取自兔脊及尾。纯用紫毫，软而圆健，若兼花白，则坚强劲利。唐白居易有《紫毫笔》诗。

狼毫：指用狼毛制成。狼毫其力介乎羊毫、紫毫之间。质较脆，不耐摩擦。南方笔通体狼毫，佳者用狼尾，用水发开全毫，用之最宜；北笔内用狼放，中实以麻，外覆兔、羊毫，发透全笔，实用性稍差。

白玉雕梅花毛笔

象牙八仙狼毫笔

粉彩花鸟瓷笔管

象牙毛笔（2支）

兼毫：用两种不同的毫制成。一般用狼毫或紫毫与羊毫合制而成。有直称兼毫者如紫兼毫，有表明配合成分多寡者，如三紫七羊、七紫三羊、五紫五羊等。紫、狼兼者曰紫狼毫；狼、羊兼者曰狼羊毫；鸡、狼兼者曰鸡狼毫；鹿、狼兼者曰鹿狼毫；紫兼花白者仍曰紫毫，以同用兔毫也。兼毫制法：以一种毫为芯柱，他种毫覆也。也有掺杂为之者，如做大字用之鬃笔，即掺杂羊毫。

兔毫：用兔毛制成。古代出宣州（今宣城）溧水县中山，在县东南 15 里，制笔精妙（见《元和郡县志》载《右军笔经》："中山兔肥、毫长，故可用。"）。《初学记》引王羲之《笔经》："汉时诸郡献兔毫，出鸿都，惟有赵国毫中用。时人咸言兔毫无优劣，管有巧拙。"卫夫人《笔阵图》有云："取崇山绝仞中兔毫，八九月收之，笔头长一寸，管长五寸。"

鹿毫：用鹿之细毛所制成。唐段公路《北户录》云："鹿毛笔，晋张华尝用之，不下兔毫。"

象牙赐福苍生毛笔

白玉毛笔

是指在古代鹿毛常被用以制笔，其效能和兔毫相仿，然总不及兔毫普遍。

貂毫：用紫貂之毛所制成。貂又分黑貂、林貂，形似黄鼬（黄鼠狼），体色暗褐，其尾末端毫较长，宜于作为毛笔原料，所制成的笔较圆劲丰满。

马毫：取于马身各部位之毛制成。有马尾毛，较长，劲健，宜做特大笔；有马鬃毛，毫粗壮直圆，硬度较猪鬃弱，宜做匾牌大笔之毫。

粉彩描金云龙纹毛笔（1 对）

象牙杆毛笔

猪鬃：以猪颈部的长毛为毫料，多制排笔和漆笔，或兼掺其他毫用，也可做抓笔毫。

胎毛发：用婴儿第一次理发时剪下的头发做毛笔原料。发质细柔，锋颖尖，可聚而成笔尖。

至于用植物纤维制成的笔尖，首推白沙茅龙笔，又称茅笔。此笔以茅草捶细，取其草茎扎束而成。传为明代陈献章所做。陈献章（1428—1500 年），字公甫，号石斋，广东新会人，因所居村曰白沙，世称白沙先生。黄佐《广州人物传》载，献章"尝束茅代笔，人争效之，谓之茅笔字"。白沙茅龙笔今广东尚有制造，有大小数种。

银杆毛笔

白潢恭进天子万年笔

白玉雕花毛笔

竹刻花卉笔杆

笔杆的制作

笔杆也称笔管，是用手执笔的部分。笔管的材料以竹制的较普遍，竹取材较易，轻便实用，物美价廉。

竹管，有白竹管、方竹管、紫竹管、棕竹管、斑竹管和马鞭竹管等种类。

白竹管：指的是一般的白竹，盛产于我国广大的南方地区。白竹管截取竹茎中细、结、坚、直的部分，并以在冬天取材为宜，因冬天竹生长处于休眠状态，其竹不易蛀、变形和爆裂。

方竹管：方竹产于浙江杭州、绍兴一带，竹杆呈方形，不粗，白色，用方竹制作的笔管比较少。该竹除横截面为方形之外与一般白竹无异。

紫竹管：紫竹产于浙江普陀山，浙江杭州、嘉兴、湖州等地也有。竹色紫红，由竹皮至竹芯一色，竹杆较细，适合做笔管。

棕竹管：棕竹色紫黑，有直形的纹，平细而坚韧，产于东南沿海，为常绿灌木形竹，宜制扇骨和笔管。

斑竹管：斑竹产于广西和浙江、福建等地，也称梅芦竹、湘妃竹，茎匀杆直，有灰褐色和灰紫色的圆斑纹，制成笔管能增添毛笔自然的风韵，非常美丽。传说舜的二妃女皇、娥英，闻舜死于湖南九嶷山，大恸，泪干血出，滴竹成斑。明清之湘妃竹制品价格昂贵，有仿品，谓之"烫妃"，即在白竹上用烙铁烫出斑痕。

马鞭竹管：竹矮小，节短，曲而老，以做马鞭而名。以马鞭竹为笔管，形态奇特，古意盎然。产于湖北、湖南、四川等地。

玉笔管：古代的玉笔管都以产自新疆天山的和田玉制成，分为白玉、青玉、黄玉、碧玉、墨玉等品种，色美，质细，可供珍藏和鉴赏，亦实用。

玳瑁管：以一种稀有昂贵的材料制成，即用海鳌甲壳中黑及黄色透明的元甲制成。

漆管：雕漆管、剔漆管、填漆管、黑漆描金管、彩漆描金管等，均为漆管。在漆管上以雕、填、剔、描手法绘制图案，美观华丽。

斑竹管玉笋笔

玉管笔（2 支）

玳瑁紫檀毛笔（2 支）

剔红杆毛笔

象牙管：以象牙制成的笔杆，质地坚硬，洁白，细腻，较为珍贵。

象牙浅刻人物毛笔

瓷管：以烧瓷土而成的笔杆，施釉后，经1300℃以上高温烧炼而成，质地坚硬，不实用，但有艺术价值。

木管：用乌木、楠木、檀香木、鸡木等制成的笔杆。多产于我国广东、四川、云南地区，大多木质坚硬，花纹美丽，个别的还具有木质特殊的香味，上述木种都是上等笔杆材料。

雕漆紫檀木管提笔

珐琅管：以铜通顺景泰蓝施釉烧制而成，笔杆较重，华丽美观，多为赏玩笔。

犀牛管：即犀牛角制作的毛笔杆，较为稀少，故十分珍贵。

历代制笔不但讲求实用，而且注重笔杆的用料及装饰，通过镶嵌、雕刻、描金、施釉烧制等不同艺术手法达到雕镂精致、色彩艳丽的效果。笔杆装饰图案有双龙、双凤、龙凤戏珠、八仙、云凤、云蝠、古钱纹、人物山水、诗词等，以寓意吉祥如意、平安等内容居多。

木柄错银丝嵌象牙毛笔

（三）毛笔的种类

古代毛笔的种类较多，从笔毫的原料上来分，有兔毛、白羊毛、青羊毛、黄羊毛、羊须、马毛、鹿毛、麝毛、獾毛、狸毛、貂鼠毛、鼠须、鼠尾、虎毛、狼尾、狐毛、獭毛、猩猩毛、鹅毛、鸭毛、鸡毛、雉毛、猪毛、胎发、人须、茅草等。

青玉龙纹管珐琅斗提笔

从性能上分，有硬毫、软毫、兼毫。从笔管的质地来分，有水竹、鸡毛竹、斑竹、棕竹、紫檀木、鸡翅木、檀香木、楠木、花梨木、况香木、雕漆、绿沉漆、螺钿、象牙、犀角、牛角、麟角、玳瑁、玉、水晶、琉璃、金、银、瓷等，不少属珍贵的材料。从笔的用途来分，有山水笔、花卉笔、人物笔、衣纹笔、彩色笔等。

　　根据笔锋的长短，毛笔可分为长锋、中锋、短锋，三者性能特点各不相同。长锋毛笔的特点是画出的线条婀娜多姿；短锋毛笔画出的线条凝重厚实；中锋毛笔则取二者之特点兼而有之，最适宜画山水。根据笔锋的大小不同，毛笔还可分为小、中、大等型号。一般"小山水（小狼毫）""大山水（大狼毫）"各备一支，"小白云""大白云"羊毫笔各备一支，再有一支羊毫"斗笔"就可以画出各种美丽的山水画了。新笔的笔锋较尖锐，只适宜画细线，皴、擦、点、擢，用旧笔画的效果最好。有的画家喜用秃笔，点线别有苍劲朴拙之趣。好的毛笔，都具有尖、齐、圆、健四个特点，使用起来运转自如。画笔用后要及时冲洗干净，避免墨汁干结损坏笔锋。

　　按照不同的原料和性能，毛笔又可分为硬毫、软毫、兼毫三种。硬毫包括用老兔颈毛制成的紫毫与黄鼠狼尾毛制成的狼毫两种，笔毫均为棕色，笔性硬健，弹力强，蓄水少，画出的线条苍劲爽利。山水画中树木的立干、出枝、勾叶、点叶，山石的勾勒、皴、擦、点、擢，屋宇、人物、舟、桥、水波、瀑布等细线，都需靠弹性强的硬毫才能得以表现。软毫笔用羊毫制成，笔性软，蓄水性强。山水画的渲染多用它。米点山水与泼墨山水也常用羊毫，能收到笔酣墨饱、水墨淋漓的效果。兼毫由硬毫与软毫配制而成，有紫狼毫、紫羊毫、鸡狼毫等品种，硬度在狼毫与羊毫之间，可根据个人的习惯与需要去选用。

剔红山水人物纹笔管

碧玉毛笔

粉彩花卉毛笔

剔犀云纹毛笔

三、毛笔的收藏与鉴别

　　毛笔虽然是作为实用工具出现的，但随着社会经济文化的需求，制作工艺的不断改进，使毛笔日益完善和精美，逐渐成为收藏、鉴赏珍玩的品类。毛笔不易保存，笔毫重实用，容易损坏，所以毛笔的鉴赏一般从笔毫的形制着手，更重要的还是着眼于装饰意味浓厚的、色彩艳丽、内容丰富的笔管上。

　　笔毫的形制是为书写、绘画的需要而改进提高的。古人仿照竹笋的形状制成笔毫的毛笔，是我国传统品名，属于短锋羊毫、兼毫笔类。锋短而身短粗，形如笋状，锋腹粗状，落纸易于凝重厚实，除实用外，还给人以鉴赏趣味。又如兰花式制成笔毫的毛笔，也是我国传统毛笔品类之一，笔头圆润，洁白纯净娇柔，似含苞欲放之玉兰，给人以秀美观赏之感、赏心悦

象牙毛笔（3 支）

象牙毛笔

粉彩龙纹毛笔

目之快。古代还有一种毛笔，把笔毫做成葫芦式，兼毫圆润坚劲。

　　自笔管成为鉴赏和珍藏的对象后，人们便常以珍宝珠玉制毛笔管，以获装饰之美或夸耀其财势和地位。清乾隆四十三年（1778 年）唐秉钧所著《文房肆考图说》卷三《笔说》记载：

"汉制笔，雕以黄金，饰以和璧，缀以隋珠，文以翡翠。管非文犀，必以象牙，极为华丽矣。"当时的毛笔已经不仅仅是书画工具，有的还是供人鉴赏观玩的艺术品。古代工匠能利用笔管不及寸的圆周，描绘、镌刻巧妙的山水人物，描出山石海水的气势，表现了独特的装饰趣味，达到了鉴赏的条件。台北"故宫博物院"收藏的明代黑漆、彩漆描金云龙、龙凤之双龙管笔就是一例。此件笔管、笔套均髹黑漆为地，用彩漆描绘山、海、云龙戏珠纹。大海波涛汹涌，山石耸立，其间，浪击山石，惊涛四起，寥寥数笔，勾画出一派海阔天高的意境，衬托苍龙

象骨黑漆杆诗文毛笔

凌空飞舞，在云中腾越戏珠，气势磅礴。彩漆描绘精细，色彩明丽和谐，画面构图主次分明，布局严谨。笔管和笔套镶金扣，增添了富丽华贵之感。笔头毛色光润，浑圆壮实，葫芦式锋尖锥状，美观挺拔，精工巧制，"尖、齐、圆、健"四德完备，是明代制笔水平的实证，是传世文房四宝中的珍品，是毛笔鉴赏的稀物。所以鉴赏毛笔的着眼点就是看笔管的用料和笔管的装潢与绘画、雕刻、镶嵌的艺术水平。用料及装饰为上，其价值就高。

　　鉴别古笔，首先要对保存的遗物和各个时代古笔的历史进行系统的认识，了解其丰富的文化内涵。了解笔的历史、区分制笔地区、把握各时代制笔名家的特点，分清是民间制品，还是宫廷的御制品（若是宫廷的御制品，是宫内定型民间作为贡品的，还是宫廷造办处自制的）。其次再看笔毫损坏情况。最后再着眼于笔管的装饰是否有制笔名家的镌刻，是否有名人的赠语及题跋。对名人的时代划分，要有丰富的历史文化知识，有丰富的文学水平，才能识别出名人的诗词赋文，才好鉴别一件文物的时代，从而发现文物的价值。每一种文物在各历史时期，均有赝品出现，只要我们丰富自己的知识，多见多识，虚心向别人请教，就能提高自己的认识鉴别能力。

雕漆梅妻鹤子毛笔

炉钧九峰笔架及粉彩花卉瓷毛笔

象牙，兽角雕毛笔（4支）

斑竹毛笔

19

（一）毛笔的优劣

毛笔在古代主要用以书写绘画，所以古人非常重视毛笔本身的书画功能，一支好的毛笔必须具备"四德"，即"尖、齐、圆、健"四个特点。

尖：是指笔毫聚拢时，末端要尖锐。笔尖写出的字锋棱易出，较易传神。作家常以"秃笔"谦称自己的笔，若笔尖不尖则成秃笔，做书神采顿失。选购新笔时，毫毛有胶聚合，很容易分辨。在检查旧笔时，可先将笔润湿，毫毛聚拢，即可分辨尖秃。

齐：是指笔尖润开压平后，毫尖平齐。毫若齐，则压平时长短相等，中无空隙，运笔时"万毫齐力"。因为需把笔尖完全润开，选购时无法检查这一点。

圆：是指笔毫圆满如枣核之形，就是毫毛充足的意思。若毫毛充足则书写时笔力完足，反之则身瘦，缺乏笔力。笔锋圆满，运笔自能圆转如意。选购时，毫毛有胶聚合，是不是圆满，仔细看看就知道了。

健：即笔腰弹力。将笔毫重压后提起，随即恢复原状。若笔有弹力，则能运用自如。一般而言，兔毫、狼毫弹力较羊毫强，书亦坚挺峻拔。将笔润开后重按，再提起，锋直则健。

具备了"尖、齐、圆、健"四德的毛笔，就能称得上是一支好笔了，反之质量则劣。

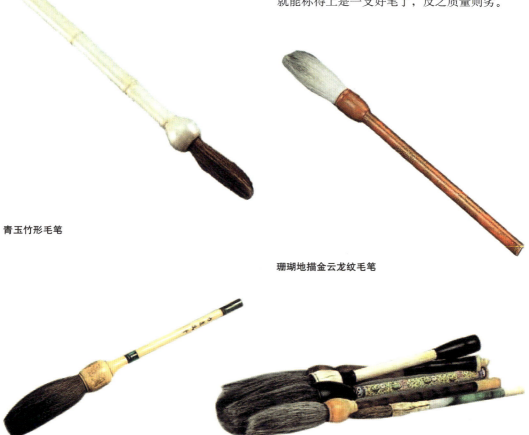

青玉竹形毛笔

珊瑚地描金云龙纹毛笔

象牙杆毛笔

象牙杆、翡翠杆、牛角杆、棕竹杆毛笔（5支）

（二）毛笔的鉴别

《通雅》记载："笔有柱、有心、有被、有副。"

《妮古录》记载："笔有四德：锐、齐、健、圆。"《考槃馀事》记载："制笔之法，以尖、齐、圆、健为四德。"韦诞《笔方》记载："制笔之法，桀者居前，毳者居后；强者为刃，懦者为辅，参之以菟，束之以管，固以漆液，泽以海藻，濡墨而试，直中绳，曲中钩，方圆中规矩，终日握而不败，故曰妙笔。"

《柳公权帖》记载："近蒙寄笔，深慰远情，但出锋太短，伤于劲硬。所要优柔，出锋须长，择毫须细，管不在大，副切须齐。副齐则波掣有凭，管小则运动省力，毛细则无点画无失，锋长则洪润自由。"

李诩《戒庵漫笔》记载："兔用肩毫，取其劲也。有全用者，有参半者，故笔有全肩、半肩之号。今笔标作坚字，非。笔干竹。冬管不蛀，交春斫者则蛀。"

《避暑录话》记载："笔出于宣州，自唐惟诸葛一姓，世传其业。嘉祐、治平前，得诸葛笔者，率以为珍玩。熙宁后，世始用无心散卓笔，其风一变。"

《山谷笔说》记载："宣城诸葛高系散卓笔，大概笔长寸半，藏一寸于管中。"

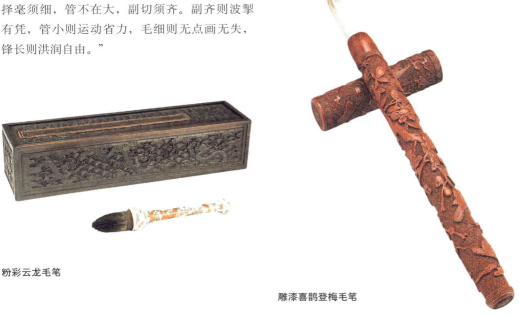

粉彩云龙毛笔

雕漆喜鹊登梅毛笔

白玉透雕云龙毛笔

象牙浅刻花卉人物毛笔（2支）

苏轼曾云："近日都下笔皆圆熟少锋，虽软美易使，然百字外，力辄衰，盖制毫太熟使然。鬻笔者既利于易败而多售，买笔者亦利其易使，唯诸葛高独守旧法。"又云："系笔当用生毫，笔成，饭甑中蒸之，熟一斗饭乃取出，悬水瓮上，数月乃可用。此古法也。"又云："杜君懿胶笔法，藏笔能二三十年，每一百支，用水银粉一钱，上皆以沸汤调研如稀糊，乃以研墨胶笔，永不蠹，且润软不燥。"《考槃馀事》记载："东坡用黄连煎汤，调轻粉蘸笔头，候干收之，则不燥。山谷用川椒、黄檗煎汤，磨松烟染笔藏之，尤佳。若有油腻，以皂角汤洗制。"另外，《文房宝录》记载："养笔以硫磺酒，舒其毫。"

黑漆描金管黄流玉瓒紫毫笔

翡翠毛笔摆件

卫夫人《笔阵图》记载："笔取崇山绝仞中兔毫，八九月收之，笔头长一寸，管长五寸，锋齐、腰强者。"

《右军笔经》记载："诸郡兔毫，惟赵国毫中用。赵国平原广泽，无杂草木，唯有细草，是以兔肥毫长而锐须。须仲秋收之。采毫竟，先用人发杪数十茎，杂青羊毛并兔毳，裁令齐平，以麻纸裹柱根。次取上毫，薄薄布柱上，令柱不见，然后安之。毛杪合锋，令长九分，管修二握，须圆正方可。"

李阳冰《翰林禁经》记载：有"九生法：一生笔，纯毫为心，软而复健。"

《山谷题跋》记载："笔工最难，其择毫，如郭泰之论士，其顿心著副，如轮扁之斫轮，制笔谓之茹笔，盖言其含毫终日也。"《笠泽丛书》有《哀茹笔工》诗一首。《林逋集》有《美葛生所茹笔》诗二篇。元王恽《赠笔工张进中》诗云："进中本燕产，茹笔钟楼市。"今制法如故，而茹笔之名隐矣。

木雕福禄寿纹毛笔

《南部新书》记载:"柳公权〈笔偈〉曰:'圆如锥,捺如凿;只得入,不得却。'盖缚笔要紧,一毛出,即不堪用。白香山与元微之各有纤锋细管笔,携以就试,目为毫锥。见香山〈代书百韵〉诗注。"

柳宗元《杨尚书寄郴笔,知是小生本样,令更商榷使尽其功辄献长句》云:"截玉铦锥作妙形,贮云含雾到南溟。"

《考槃餘事》记载:"旧制笔头,式如笋尖最佳,后变为细腰葫芦样。"

《西京杂记》记载:"汉制,天子笔管以错宝为跗。"

《五代史》记载:"苏循献晋王画日笔三十管。"

《清异录》记载:"伪唐宜春王从谦,用宣城诸葛笔一枝,酬以十金,号为'翘轩宝帚'。"

《右军笔经》记载:"昔人或以琉璃、象牙为笔管,丽饰则有之,然笔须轻便,重则踬矣。近有人以绿沈漆竹管及镂管见遗,斯亦可玩,何必金玉?"

《梁书》记载:"元帝为湘东王时,记录忠臣义士文章之美者,用笔有三品:一金管,一银管,一斑竹管。"

《青箱杂记》记载:"纪少瑜尝梦陆倕以一束青镂管笔授之。"

《珍珠船》记载:"隋高僧敬脱善书大字,笔长三尺,其粗如人臂,乞书者一字而已。"

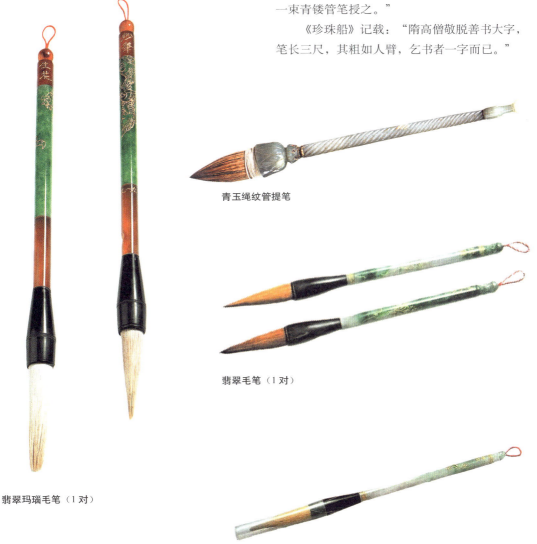

青玉绳纹管提笔

翡翠毛笔（1对）

翡翠玛瑙毛笔（1对）

翡翠雕毛笔

《清异录》记载："开元二年，赐宰相宝相枝各二十……斑竹笔管也，花点匀密，纹如兔毫。"

顾况诗云："手把山中紫罗笔。"

段成式作诗《寄温飞卿葫芦笔管往复书》。

《白孔六帖》记载："李靖五世孙彦方，其旧物有佩笔，以木为管镪，刻金其上，别为环以限其间，笔尚可用也。"

《研北杂志》记载："袁伯长有李后主所用玉笔，管上有镌字文，镂甚精。"

《山堂肆考》记载："唐世举子将入场，嗜利者争卖健毫圆锋笔，其价十倍，号定名笔。"

《汗漫录》记载："司空图隐于中条山，芟松枝为笔管，曰：'幽人笔'正当如是。"

《卢氏杂记》记载："德州王使君，家有笔一管，粗于常用，刻从军行一幅，人、马、毛、发、屋、木、亭、台、远水无不精绝，似非人工。云用鼠牙刻。崔郎中铤文有《王氏笔管记》。"

《戒庵漫笔》记载："御用笔，冬用绫裹管，裹衬以绵，春用紫罗，至夏秋用象牙、水晶、玳瑁等。皆内府临时发出制造。"

《通雅》记载："古有以金、以银、斑象、玳瑁、玻璃、镂金为管，或绿沉漆管，棕竹、紫檀、花梨管，皆不若白竹之便持用。"

中国历来重视书法。秦、汉之时，男子在

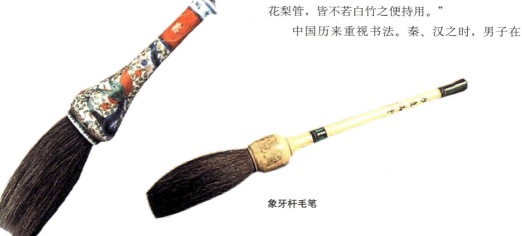

象牙杆毛笔

粉彩龙纹瓷毛笔

碧玉毛笔

剔红漆杂宝纹毛笔

17岁以前必须通晓精熟八体书、六体书。也就是说，服务社会的人必须精于书法，否则就不能跻身社会上层，更无望求得上进。晋、隋以后社会更注意书法，所以产生许多书法家，如钟繇、王羲之等大家相继而出。唐、宋以后名家辈出，直到清末这种风气才开始衰落。清时殿试翰林，完全以书法为标准，所谓翰林者并不只是文章超群、道德出世、书法也较为高明。所以，中国重视书法的传统，从秦、汉一直延续到清末。

嵌螺钿诗文毛笔

工欲善其事，必先利其器。好的书法多出自好的毛笔，所以以前的文人都很重视毛笔，他们在制造、使用、保护毛笔方面都做了诸多

白玉管毛笔

黑漆描金梅花纹笔管

研究，因此，在笔的选毛、制造上都有很大的成就。之后欧洲的风气传入我国，致使数千年来入社会、博功名、夺魁首、取状元的利器——毛笔，被圆珠笔和钢笔代替，并成为古玩的一种。时移世易，社会变革，毛笔地位的变化竟然如此之大！

古代毛笔的制造侧重在毛，而毛很容易被毁坏，今天则只有笔管作为遗迹，所谓古玩中的毛笔，仅是论笔管的优劣而已，其他并不重视。而笔管现在流传在世的，有宋代的玉笔管、明代的瓷笔管以及清代的象牙笔管，雕刻都很精美，只不过重力不匀，在实用上大多不如竹制的适宜。玉、瓷、象牙等形制的笔管仅仅能表明是名人的遗物，聊充玩好而已。

漆金云龙纹毛笔

第二章　墨

　　墨是我国古代文人书房必备的文房四宝之一，也是历代书画家至爱至赖之物，在我国有着悠久的历史。古人有云："有佳墨者，犹如名将之有良马。"由此可见，一方优质墨往往直接影响到书画家的情绪与创作。

朱砂墨

明光耀彩金不换旧墨（4锭）

一、墨述要

　　我国商代甲骨文已出现墨书，为石墨之迹。人工造墨的历史，据考古学家确定为汉代，最早见于记载的制墨家是三国时代魏国的韦诞。唐代奚超、奚廷父子首创捣松和胶的技术，使唐宋两代的墨已达到"丰肌腻理，光泽如漆"的水平。明代后期皖南地区逐渐成为全国造墨的中心，将造墨工艺推上新的台阶，程君房的"漆烟"制墨法、方于鲁的"九玄三极墨"均被后人称为"前无古人"的首创。清代流行的"集锦墨"，则是明代汪中山所始创。

"九锡玄香"墨

汪节庵制"名花十友"墨

自唐末奚氏父子迁安徽歙县后，专心研制造墨工艺。继程君房、方于鲁、汪中山、程公瑜、邵格之、吴叔大、程凤池、汪时茂、叶元卿、汪鸿轩等名家之后，清代的曹素功、汪近圣、汪节庵、胡开文四大家崛起，他们制成的墨既有实用性，又是具有高度欣赏价值的工艺品，使徽墨之名一直流传至今，驰誉中外。当时曹素功所制造的墨曾被作为贡品供皇帝御用，赐名"紫玉光"。此墨位居曹素功创造的18款墨之冠。其品质独擅众长，具有色泽如玉、紫光浮动、芬芳馥郁、细密坚刚的特点。墨以黄山

汪时茂"太平有象"墨

程君房制墨（2锭）

风景三十六峰为主题，做通景图案，并按山势地位的高低，划分36锭墨，每锭正面是山峰图案，背面刻有吟咏黄山的诗句。此外，曹素功制造的"青麟髓"，也是墨中极品。全套15种，分太极、两仪、四象、八卦四款。彭定求《青麟髓赞》云："咏麟趾于南国，掰麟脯于西池。世以罕见为珍，物以稀有为奇。翳彼析使，于马名之。形为太极，副以两仪、四象、八卦，相生在兹。制器当象，终古如斯。"

历来书画家都很重视"墨趣"和贪享"墨香"。对书画家来说，一锭良墨既是文房用品，同时又是寄托情感之物。相传，苏东坡爱墨近痴，每逢有佳墨便欣然而书。明代大书法家董其昌的"墨趣"被世人叹为"不食人间烟火"的味道，赵孟頫的咏墨诗句"古墨轻磨满几香，砚池新浴灿生光"，引起多少文人墨客的共鸣。中国明清时期制造的旧墨，在东南亚地区有着很大的市场，频频出现在世界各地的艺术名品市场上。

仿太平统一万年青墨

银诗文刻墨盒

（一）墨的出现

文字刚刚发明时大都使用刀刻记载，所以上古时期没有墨。后来人用石墨磨汁来书写。查考石墨来源的解释有两种：一种说法是煤，另一种说法是黑石脂。煤的颜色虽然是黑色的，但是用来书写却不可能写出黑色的字。黑石脂的一种叫法是石墨，另一种叫法是石涅，就是古代所说的画眉石。古人用来书写的应该是黑石脂而不是煤。到了汉代，纸发明以后，石墨用作书写材料已经不适合了，民间随之出现一种墨丸，就是把漆烟和松煤合成丸状，使用时磨成汁，这就是后来使用的墨的起源。由此可见，墨是民众共同发明的，并不是某一个人的创造。

（二）墨的发展

早在商代或更早，我们的祖先就开始使用天然石墨及矿物颜料在甲骨上书写文字。秦代有

天然石墨

木嵌白玉透雕福禄寿纹墨床

松塔形墨

清光绪古墨

御制四库文阁诗墨

唐代，我国的制墨业空前兴盛。不但民间非常讲究，而且当时官府也特别提倡，设官置厂专门从事造墨。墨官中祖敏的成就最高，他制的墨天下闻名。祖敏制造的墨之所以好用，是因为采用了鹿角胶煎膏与松烟墨合成的方法。

瓜形古墨

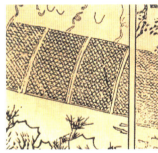

《天工开物》：松烟制墨图

了人工制造的烟墨，东汉时发明了墨模，使墨的样式趋于规整。三国时制墨的技术更加精进，人们已经掌握了和胶的方法，所以三国时皇象《论墨》已有"多胶黝黑"之说。尤其是魏国的墨非常精致，被誉为"仲将法墨""百年如石、一点如漆"。魏、晋之时墨的制造技艺更加精湛，社会上用墨之人也多了起来，而石墨逐渐被淘汰，到了无人使用的地步。当时最通用的是所谓的"螺子墨"，实际上是墨丸之类的东西，只不过是把丸做成螺的形状。这个时期制墨的专家，魏有韦诞，晋有张金，他们都以善于制墨而闻名。

程君房、程士芳"大国香"石鱼歌方墨

以前文人墨客用的墨大多是自己制造的，所以制墨的工匠名气不大，而且社会上也不重视制墨。到了南唐时期，李廷珪父子世代都是墨官，制墨技术精益求精，所制的墨也美妙适用。这一时期是中国制墨的集大成时期。汉唐多为松烟墨，宋代发明了油烟墨。著名墨工张遇、梁呆、叶茂实等制的墨"清墨不凝滞"。尤其在宋代，文化事业高速发展，文人名士辈出，而且都很重视书法，因此也很重视墨的质量，选取墨品的时候也很严格，能准确辨别出墨的质量。由于质量不好的墨无人问津，而好墨能卖出高价，因此制墨的人日益求精，墨的精妙也达到登峰造极的程度。

　　当时墨不只是用于书写，甚至成了人们的嗜

双龙国宝椭圆墨

古墨

淳化轩摹古宝墨（1对）

古墨（2方）

好，有人把收藏佳墨当成是清玩。如僧人德洪题跋有云："司马君实无所嗜好，独蓄墨数百两，好之成癖。"其他好墨的也大有人在，但是并不像司马氏那样突出，所以没有被记载下来。求墨的人越多，制墨之人也就越多。宋熙宁、元丰年间张遇制御墨，用油烟入脑麝、金箔，称作龙香剂。宋元祐年间潘谷墨著称于一时。以后，蜀中蒲大韶、梁呆、徐伯常及雪斋、齐峰、叶茂实、翁彦卿等人，都以制墨名扬于世。

"饮中八仙"墨

艺术性极强。方于鲁善用名贵药料配和油烟制墨，清雅芬芳，久不变质。程君房创造"漆烟"制墨法，所制的墨更为精美，色泽夺目，有"坚而有光，黝而能润，添笔不胶，入纸不晕"之评。

清代康熙帝、乾隆帝都酷爱并擅长书法，对于墨也特别讲究，所以御制各墨精绝千古。嘉庆、道光以后，国家多事，无暇顾及此事，御制之墨已不如前，私人所制之墨更无精品存在。到了清朝末年，变法维新，国人都争相崇尚西学。民国以后，更加没落，文人学士大都以铅笔、钢笔作为书写工具，旧时士林争相器重的墨品已如敝屣，无人问津了。有数百年传统的著名墨商也相继改行，制墨业的发展也逐渐呈衰退之势。但令人欣慰的是，墨并没有绝迹，而是被当作古玩珍藏起来了。

总之，宋代的墨已到了尽善尽美的境地，足以辅助大书法家、大画家们名垂千年。宋人名迹能流传到今天，名墨功不可没。元代因君主轻视文化，制墨没能得到进一步发展，但是还能够延伸宋代制墨的余绪，保持原来的成就，墨模雕刻风格浑朴雄健，这也足以令人感到欣慰。

明代，我国制墨业更加发达，在墨的取材配制方面又有了进步，代表人物有罗小华、汪中山、程君房、方于鲁等。由于他们争奇斗胜，以致这一时期名墨纷呈，使油烟墨得到了很大的发展。以前所制的墨大多是漆烟或黍烟和着松、煤做成，此时则改用兰烟，制出的墨色泽黑润，气味馨香。罗小华发扬光大桐油烟墨法，墨色黑、有光，藏之越久越黑。汪中山创造了集锦墨，

"紫阁铭勋"御墨

故宫双龙图墨

1949 年后，我国文物部门在考古发掘中，先后出土了多件古墨珍品，令国际文物界和收藏界震惊。例如，1958 年在山西大同元代冯道真墓出土的"中书墨"，墨呈牛舌形，长 24 厘米，宽 5.5 厘米，厚 0.7 厘米；一面阳文篆书"中书省"三字，一面隐起一龙，在奔腾中做回首戏珠状；虽埋于地下 700 多年，仍色泽沉穆，绮丽可爱，字体和饰纹十分清晰，洵称绝品。传世作品中也不乏佳作，如北京故宫博物院收藏的明代程君房"归马放牛图墨"等。

徽墨（3 方）

写经墨

经过数千年的持续发展，无数能工巧匠地精雕细刻，历代文人地使用和品赏，墨已成为一种具有博大文化内涵的文化名品。

当今，名墨的收藏更是成为一项高雅的艺术投资行为，一些名墨以其特有的风格和艺术魅力受到国内乃至国际收藏者的青睐，甚至成为一些国家博物馆和社会名流竞相收藏的珍宝。

仿曹素功墨

铜刻山水墨床

（三）墨的种类

按照制墨的原料划分，古墨可分为松烟墨、桐烟墨、漆烟墨等。

按照制墨对象不同则可划分为以下几种。

普通墨：一般人用来书写的墨，形式简朴，墨品名称与墨家字号直接用金蓝色书写。

贡墨：古代封疆大吏请墨家制造进呈皇帝或按旧制征贡的墨，都署有进呈者的名款，有的也署制墨家的名款，大多为墨中珍品。

青玉墨床

御墨：皇帝用墨。唐以后设墨务官，专制御墨。清代御用墨分两类：内务府所制作的墨和徽州墨家所制的墨；前者外流很少，但价值很高。

自制墨：按照制墨者意愿制造的墨。这种墨始自三国时期魏国的韦诞。《歙县志》将明清自制墨分为"文人自怡"型和"精鉴好事"型两类，都属上品。

珍玩墨：不为使用而为欣赏珍玩制作的墨，形状大多小巧玲珑，大小盈寸，烟料、做工都属上乘，艺术性极高，是墨中珍品。

礼品墨：作为礼物馈赠的墨。有寿礼墨、婚礼墨和赠送学生墨三种。礼品墨多注重外表形式，一般装潢精美，但烟料稍差。

药墨：当作药物治病的墨，一般是松烟墨，有些署墨家名款，有些则直接署药店名款。

随缘主人著书墨

"天下太平"龙香御墨

二、墨的收藏与鉴别

墨为"文房四宝"之一,不仅是实用物品,也是融合绘画、书法、雕刻于一体的艺术品,具有收藏和鉴赏的双重价值,在中国文化史上有着不可忽视的地位和作用。

鉴别古墨时,首先要观察其颜色。古墨多经过千百年沧桑,古朴,香而无艳,没有刺鼻的气味。凡名家制墨,质坚如玉,气魄浑厚。明代以前的古墨,今已属罕见。其次要注意墨的形式和图案多具时代风格,尤其是名家制的墨特点会更加突出。

"明光耀彩"墨(3方)

旧墨(1盒4锭)

紫玉光墨、千秋光、宝翰凝香(3锭)

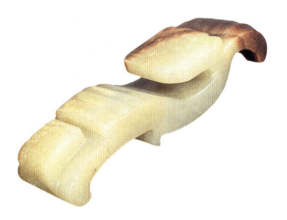

黄玉墨床

(一)墨的价值

民国时期市场所能购得的只有明末清初的旧墨。宋墨虽然时有出现,却可遇而不可求。至于价格尤其不确定。如果是名家制作而且保存完整,那么价值连城;如果干枯破碎,就毫无价值。明墨中的佳品当时已很难见到,价格也时有变化,无法确定。但是价钱最低的,每笏也在一百银圆以上。明末清初的墨尚多,还有大概的行市,现择录如下(价格为当时银圆):

34

清康熙吴守默玉堂染翰（原有漆盒，完整无缺，共八锭一份），800元。

明程公望十二龙宾墨（仿旧土式金皮，花纹精细，三锭一盒），400元。

清康熙贡黑万年青（黄绫盒，黄绫套，漆盒龙纹，八锭一盒），300元。

清康熙曹素功千秋光墨（金皮豆腐干式，金龙红漆盒，八锭一份），400元。

清康熙曹素功青麟墨（金皮四圆四方，原锦小盒，原黑漆盒，附有原票，八锭一份），300元。

清乾隆贡墨光被四表（黄绫套，黑漆盒，八锭一份），240元。

清乾隆贡墨天下文明（原锦盒，原黑漆盒，八锭一份），240元。

清康熙曹素功柴玉光墨（黄绫套，花纹精细，黑漆原盒，八锭一份），240元。

清康熙吴守默天蜺墨双棍式（一锭），100元。

清康熙胡星聚奎星墨（金漆皮一锭礼货），200元。

清康熙宾笏斋（胡星聚）墨（青琅玕绀雪金简玉册，三锭），300元。

清康熙吴天章墨（价重鸡林，芙蓉镜，二锭），200元。

清康熙丽文氏漆皮琴墨（二锭），150元。

清康熙吴天章梦笔生花墨（一锭），60元。

清康熙漱芳斋重花清向墨（一锭），150元。

清康熙程公瑜世掌丝纶墨（一锭），80元。

清康熙仿方于鲁青麟髓牛舌墨（一锭），220元。

清乾隆御制墨螭虎花纹椭圆形（漆皮）墨（一锭），120元。

仿璜形墨

"怡怡氏"花鸟墨

耕织图墨（1套）

35

清乾隆御制墨风形椭圆式（一锭），120元。

清乾隆曹素功群鹅墨（金皮，一锭）60元。

清康熙曹素功墨（古赟上币，八锭一份），200元。

清乾隆款古愈廪（二锭），100元。

清乾隆无款九英梅墨（一锭），50元。

清道光程怡甫竹墨（金漆皮，二锭），100元。

清乾隆曹素功紫英墨仿旧玉式（一锭），30元。

清康熙吴天章仿戴篙牛墨（一锭），100元。

明吴鸿渐琴式墨（一锭），300元。

明宾笏斋千秋真鉴墨（漆皮白绢套，原漆盒，八锭），800元。

明程凤池千岁芝墨（豆腐干式红续套，一锭），200元。

明叶元卿青麟髓墨（金皮圭式，花纹精细，一锭），500元。

清康熙宾笏斋锦囊贮墨（金漆皮，花纹精细，二锭），200元。

清康熙宋牧仲墨（碧桃覆杯，二锭），300元。

清康熙真实斋（程公瑜）世掌丝纶（原锦小盒原漆盒，八锭一份），800元。

清康熙胡星聚（仿旧玉式，漆边，万字椭圆，一面金皮，二锭），200元。

清康熙戊戌年（1718年）款李成龙恭进太

胡星聚人物墨

楼阁图描金御墨

胡星聚竹卫墨（2锭）

各色古墨（1套）

平万岁墨（金皮，原红套锦盒，一锭），100元。

清康熙吴天章兴酣落笔各样墨（金皮花纹各异，原金花黑漆盒，十锭），500元。

清康熙杨永斌恭进太平雨露（黄绫套原锦小盒、龙花黑漆盒外带原云蝠锦外套，八锭），350元。

清康熙胡星聚朝朝染翰（金皮仿旧玉式），300元。

清康熙程公瑜乡云露（一锭），80元。

清康熙槎河山庄清爱堂曹素功制墨（一锭），

苍龙液墨

四美具墨

一团和气赏墨

20元。

明众妙斋带彩元墨（原锦盒，一锭），1000元。

清康熙吴天章十锦墨（花纹各异，原漆盒，十锭），600元。

清乾隆汪节庵黄山图墨（原金花墨漆盒，小长锭，三十六锭），300元。

清康熙宋漫堂椿桂墨（反方形，花纹精细，一锭），200元。

以上仅就市场上可能得到的名墨制作一个价目详表。至于年代更早的墨，它的价格不能确定，随收售者的情形确定高下，最高每笏不超过千元。最低也不能低于上述同类的价值。至于年代晚于上述各墨，其价值以数十元为最普通。

石鱼墨

（二）古代名墨

墨既无定制也无定式，都是文人因好奇心随意制造的，所以墨式很多，不能叙述清楚。要对古墨都做记载，也是不可能的；但是要能对于名墨有大致的认识，也能有助于鉴别。现将名墨的款式、形状、款识、书体，择优录之如下。

柔翰斋墨

明代吴乔年所制。正面篆文"知止堂珍藏"，背面八分书"万历戊午乔年监制"，侧面有"柔翰斋墨"四个字。重一钱八分。

大国香麒麟墨

墨光歌墨

龙九子墨

大国香墨

明代祝彦辅制。一面有"大国香"三字，一面有"歙祝彦辅制"五字，都是楷书。重二钱。

九玄三极墨

明代潘方凯制。一面有"九玄三极"四字，下方一小印内有"方凯"二字；一面有"潘方凯制"四字，下有一小龙。重二钱。

云龙墨

明代吴去尘制。一面有"云龙"二字；一面有"飞龙在天 万国咸宁"八字，都是玉箸篆书；旁记"崇祯元年"（1628年）。重二钱五分。

浴砚斋墨

明吴去尘监制。一面有"浴砚斋"三个篆字，一面有"吴去尘监制"五字，楷书；四旁锁纹。重二钱五分。"浴砚斋"三字也有隶书。

乌玉玦墨

明吴去尘监制。一面有"乌玉玦"三字，八分书；一面有"吴去尘墨"四字，真书；四边都是瓦楞纹。重二钱。

吴去尘制的墨很多，如行楷题书的有"贝叶""双红叶""芝草兰石图""登龙飞墨""笔砚精良""人生一乐"；大篆文题书的有"自牧堂""双螭盘绕"；篆文题书的有"霞标""竹墨"等款文之墨，都是吴氏所制的墨品。

松下居士墨

明吴去尘监制。一面是松下居士图；一面是"吴知白监制"五字。重三钱七分。去尘，字知白。

天下文明墨

明吴羽吉所制。一面绘有一龙登云的图形，旁边注有"吴羽吉"三个字；一面篆文"天下文明"四个字；额书"庚辰法墨"四个字。重一钱九分。

梦草堂墨

明吴和卿所制。一面有"梦草堂"三字，一面有"吴和卿监制"五字，都是楷书；各边双线内有小龙。重一钱九分。

金壶液墨

明吴石臣所监制。一面提有"金壶液"三个楷字；一面是双龙含珠图；侧面有长印"吴石臣监制"的字样；边纹古朴雅洁。重三钱一分。

玄圭墨

明素道人所制。一面隶书"玄圭"二字，上边一圆印内，阳文"双螭"；一面是"素道人制"四个隶字。重二钱。

文彩双鸳鸯墨

神品墨

人瑞状元墨

绿墨

澹斋墨

明澹斋所制。一面正中有"澹斋"两个篆字；一面没有字和花纹，只有边缘转处都做成优钵昙花的样式。重一钱八分。

将磨子墨

明一峰道人制。一面长印阳文楷书"一峰道人墨"五个字；一面隶书"将磨子"三个字。重二钱一分。

神品墨

明苏宾嵋制。一面用楷书题有"神品"两个字，左下方有"苏宾嵋制"四个字；一面画有一斜枝，花干像梅，可是只有叶，在花干的旁边有一小长印，用阳文题"元弌"二字；侧面有"汪仲绥还古法墨"。重二钱六分。

食灵斋墨

明食灵斋主制。一面上半部分隶书"墨皇素臣"四个字，下边画一像，手中执笏拱立；一面是"食灵斋"三个篆书。重二钱一分。

渊云墨

明文园所制。墨形如梭，一面双螭回环中有篆书"渊云"两个字；一面有隶书"文园法墨"；侧面有"天启元年"（1621 年）的字样。重二钱。

字邮墨

明代三玉主所制。一面双螭中篆书"字邮"二字；一面隶书"三玉珍赏"四个字。重二钱二分。

正翩抟风墨

五老图墨

古墨（6 方）

笴友墨

明丁叔明制。一面行楷"笴友"两个字；一面有"丁叔明清赏墨"六个字；侧面有蝇头"昙犀"两个字。重一钱八分。

圭式宿电墨

明吴氏制。一面篆书"宿电"二字；一面长印阳文"吴氏墨精"四个字，做圭式。重一钱八分。

青麟髓墨

明方于鲁所制。作柱形，盘龙口外嵌一珠，有漱金的"青麟髓"三字。重四钱三分。

八仙墨

明吴去尘制。花式各有不同，都是八仙故事。重一钱八分。

清谨堂乐女墨

蟠螭纹圆墨

一池春绿墨

静远轩墨

墨下有"思蓼珍藏"小印；背书"月湖世显"。这是邵少宰购断碎的方、程名墨，让太史吴翼堂寻找技术高超的工匠，重新和胶制成的。

紫金光聚墨

正面有"紫金光聚"四个字；背有"康熙第二壬寅，古歙汪胥原按易水法制"。

持敬堂墨

也叫明名墨，但是只有彭城小印，其他不详。

思斋堂墨

正面书"云林甄士学书画墨"；背面书"思斋堂珍藏"五个字；下有黄道甄士二小印。墨非常好，但是制墨人姓氏不详。

五石顶烟宝剑古墨（2锭）

半砚云墨

面书"半砚云";背书"甬江钱文起造"。

其他好墨还有很多,仅就所见略录如上,用来帮助鉴别。

大紫重玄墨

（三）制墨名家

魏以后历代以制墨而出名的人有很多。这里仅选择了较为出名的制墨名家列举如下。

魏有韦诞,晋有张金,刘宋有张永,唐有

祖敏、李阳冰等19人。宋有柴珣等30余人,金有刘法、杨文秀二人。以上名家所制的墨已太久不见于市面,如有得之者,足可成为珍宝,不可忽视。

现在市面上所能见到的墨大都是元、明、清三朝的,制墨最著名的人如下所列。

元代有潘云谷、胡文忠、林松泉、于材中、杜清碧、卫学古、黄修之、朱万初、邱可行、邱世英、邱南杰等十余人。

描金龙纹墨

朱子家训墨

42

明代因制墨而出名的人更多，最著名的有黄凤台、黄长吉、黄无隅、黄奂、黄昌伯、方林宗、方云、方柏源、方正、方季康、方于鲁、方正免、方楚婴、方凤歧、方书田、方激、方正泳、方坦庵、胡君理、胡梅亭、胡元真、胡望用、朱戏、朱震、朱德甫、朱一涵、朱绍本、孙玉亮、孙碧溪、孙敬泉、孙玉泉、曹石叶、王子凡、不二生、松溪子、春宇、游君用、毕恩溪、邵格之、邵宾王、龙忠迪、刘云峰、郑促尝、罗小华、屠赤水、潘方凯、潘五承、潘嘉客、杨生、苏眉阳、苏文元、汤青丘、翁义轩、吴龙媒、吴仲晖、吴君衡、吴乐生、吴省元、吴去尘、吴充符、吴羽吉、吴名望、吴益之、吴三玉、吴叔大、吴山泉、吴德卿、吴仲嘉、吴南清、吴元贞、吴仲宝、吴保素、吴连叔、吴长孺、吴元辅、吴乾初、吴越石、吴不千、程东里、程君房、程君亮、程济五、程梦瑞、程凤池、程周修、程文登、程孟阳、程禹伯、程魁野、汪一元、汪晴川、汪时茂、汪伯伦、汪仲山、汪前川、汪文宪、汪熙臣、汪德顺、汪鸿轩、汪仲嘉、汪君政、汪伯乔、汪俊贤、汪春元、汪子元、沈晴育、汪之东、汪可泉、汪一阳、叶元卿、叶凤池、叶君锡、叶大本、西隐道人、重出、德美、汪文所、见居山人、大㴼、查凤山、许方成、丁南羽、徐凤、侯承之、詹成圭等百余人。

清朝以制墨而出名的人除了各帝王御用工匠，还有计东、汤斌、蒋超、冯溥、刘体仁、陈廷敬、顾秉谦、张一鹄、杨溥、李霨、叶方蔼、王士禄、王士禛、程可则、黄叔琳、王鸿绪、李因笃、李澄中、潘耒、徐釚、徐夜、陈鹏年、毛奇龄、厉鹗、洪升、姜桂、金农、吴雯、李蒖、刘墉、戴震、彭元瑞等人。

金皮紫玉光墨（2 丸）

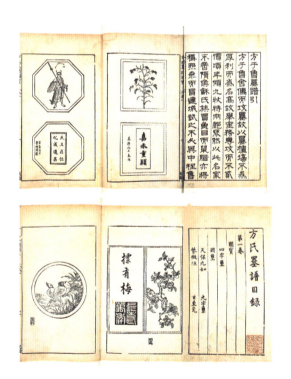

方氏墨谱六卷（1 函 8 册）

玉虹楼清赏墨（8 块）

(四) 墨的仿制

凡是古玩大多有仿制的现象，只有墨是个例外。所以古玩界有句老话说"古墨无伪品"，此话乍听起来觉得不大可能，其实仔细分析是有道理的。这句话的意思是说现在的人很难仿制出古代的名墨，如果要按古墨的配方一丝不苟地仿制出来，其工本会比售价还高，若要粗制滥造的话，则很容易被识破，没人会上当。因为墨不同于其他古董，它不仅仅可以把玩观赏，而且是可用的，质量好的墨即使不是名家制作也很贵重，劣质的即使是名家制作的也不值钱。再者墨的贵贱不会因为是否真品而有很大差别，仿制的人不会得到太大的利益。既然仿制也无

山水人物图案赏墨

神道墨（18锭）

所收获，也不能得到较大的利润，自然就很少有人仿制了。

那么现在究竟有没有仿造古墨的呢？由于近年来拍卖市场古墨价格飞涨，所以古墨仿制还是层出不穷的，但是这些仿制的墨质往往很差，从老远就能闻见臭墨味，很容易分辨。仿制的墨大多数是仿造历代名墨的外形，有些是旧模新作，有的还做成仿旧锦盒，这些东西没什么价值，但也不乏有人上当。这种旧模新作的仿造墨，由于墨质太差，基本上不能用。

思贻堂主人著书墨（20块）

44

墨的仿制方法基本上都差不多，综合起来大概有以下几种。

（1）墨的构成必须有胶，可是因空气侵蚀，年代久远，胶质极易干枯，所以年代太久的墨自然容易破碎。明墨中的完整者已不容易见到了，更何况宋代以前的。而墨的完整与否，价值差别就很大，所以常常有人将旧名墨破碎的小块重新装制以博取高价，但是绝不掺杂其他，并且都依照原来的样式制作。所见到年代久远而又完整如新的名墨，大多都是这种情况。

（2）旧名墨常有数块墨组合成一盒，但是因为年代久远，在流传时会有散掉的情况。墨成盒价就贵，缺少则价便宜。为求得高价而将缺墨补足的情况也有，但是要这样做，必须要用相同质地的墨与相同的式样，否则很难达到目的。如果制作精细，通常就不容易被鉴别出来。

（3）制墨名商如胡开文等，都以真实材料制造，绝不骗人。但是一般小作坊、不著名的商号所制的墨则是完全仿照名墨制造，市面上所售的劣品都是这类商人生产的。墨中的仿制品十有八九都是此类。

（4）以前名墨用的原料都是特制的，如兰烟、松烟、绵烟、漆烟等，都是真品。近年所造的墨大多是完全用皂烟、烟囱烟、火车头炉烟制成的，所以墨灰而不黑。

御园图古墨（1套）

朱砂墨

八方"昆仑玄宝"墨

程君房款玉羊贡首墨

（五）墨的鉴别

古墨主要是为了使用，重质量不重名气，即使仿制也不能获得巨额的利润。尽管如此，古玩市场仍然会出现古墨的仿制品，收藏者只要注意观察，一般就不会上当受骗，古墨的鉴别，与其他古玩相比是比较容易的。

了解了制墨的名家，又了解了名墨的大致情况以及现在市面上的价格，然后到市面上去购买，即使不能获得奇珍，也绝不致被人欺骗。还有一点应该注意的是，在旧墨之中有所谓"礼货"的墨品，是古人特别制造的，专门用于送礼的。其式样大多含喜庆的意思，刊刻都取吉祥词句。其中固然有质地优良、能够使用的墨，但是多数都是劣质品，不能使用，只能用于应酬。现存的这类墨，大多是名人遗留下来的，用来做古董陈设，也很雅致。只是它的价值与

可以使用的墨差别很大，选购的时候必须注意。如果买到这样的墨拿来自己使用，则说明买家是个外行。

颂和轩藏墨

封爵铭墨（1对）

清兰藏烟墨（2盒）

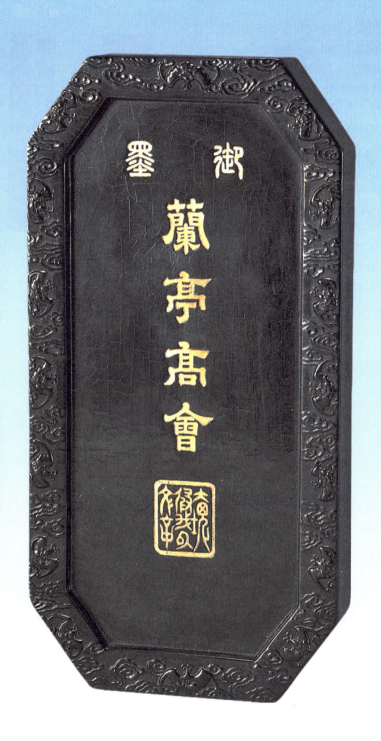

御制兰亭高会墨

墨的使用已有数千年的历史。过去所用的墨不仅制作精美，使用起来也得心应手。现在新墨虽然也很多，但墨的颜色灰而不黑，无论多么浓厚也都不黑。黑是墨的要素，新墨却不黑，怎么能算得上是好墨呢？旧墨则颜色纯黑，无论作书、作画，使用之后都能使作品生色，增加美感。这是旧墨宝贵的第一个原因。再则新墨的材料不精，配兑不均匀，时而恋笔，时而洇湿，这是因为胶质的调配不当。比如旧墨的一种制造材料是鹿角胶，用料精贵，配兑得恰到好处，既不落墨，也不显得有胶性，书写起来非常流畅，不像新墨那样不是恋笔就是洇湿。这是第二个原因。另外墨的材料以炱和胶为主要成分，这两者都有难闻的气味，新墨不能除去这个弊端。旧墨非但没有难闻的气味，反而有芝兰的香气，馨而不艳，能使使用的人心情愉悦。这是第三个原因。旧墨质地纯净，绝不像新墨那样经常夹杂沙砾，从而毁坏笔砚。这是第四个原因。新墨的颜色经常变化，揭裱洇湿；旧墨则百年如一日，土蚀水浸都不走原迹。这是第五个原因。至于旧墨宝贵的其他原因还有很多，不胜枚举。

总之，古人制墨，可以说是尽善尽美，无以复加。只是因为中国改用了书写工具，传统的书写方法被国人逐渐遗忘，以致旧墨制作也受到影响。但是从事书画和研究国学的人仍然是没有墨不能着笔。喜好旧墨的人多方收藏，并且仿制旧画也需要旧墨。旧墨越来越少，但收藏的人越来越多，这是旧墨价值日渐增高的原因。

考证墨的来源，徽州是唯一的产地。从南唐奚超迁歙以后，全国的制墨事业基本上以此地为大本营，迄今已上千年。原来此地从事制墨的人数众多，民国以后都相继改行了；墨的来源从此告竭。而如今市面上所存旧墨数量有限，转眼间也将绝迹，不但明末清初的旧墨难以买到，即使是清末的制品也将被视为珍品了。

至于鉴别的要点，首先要注意颜色。原因是所有的名墨都在百年之上，无论制成时用什么材质装护，经过百年以上的时间，加上收藏时的伤毁、展玩时的磨损以及空气的侵蚀，它的表面自然呈现出一种古朴的颜色。年代越久，

紫玉光、华峰三祝、圭璋特达墨（3锭）

御制春华秋实墨

御制苍谷墨

颜色越苍老混暗。其次是注意气味。真正佳妙
的古墨气味馨而不艳，绝对没有奇烈刺鼻的香
味，也就是所谓的"古色古香，兼而有之"。
经常使用旧墨的人一接触到墨，优劣自然能区
别。至于其他鉴别的方法就需要自己融会贯通，
仔细分辨了。

御制璜形墨

蝉形赏墨（1对）

御制墨

三、彩墨

彩墨，即绘画的颜料，被制成墨的形状，实际是彩色的。古人作画最初用水墨，唐时开始使用青绿，颜料都是自然的植物色或矿物色，其种类非常简单。唐、宋以后，虽然颜色、种类稍有增加，但是也没有新奇的品种，只是色彩调配的方法比以前进步了。

明朝初期国力强盛，声威远振海外，外国持续进贡它们的特产，因此颜料也有特殊的奇品，如天方国的番硵砂、三佛齐国的紫碏石、渤泥国的紫矿胭脂石等，都先后输入中国境内。外国的颜料固然有特殊用途，但用于绘画的也很多。当时的颜料多是个人调配，很少有人专门去制造颜料。只有在宫廷内部才有人专事制造颜料，供皇宫使用，平民享用不到。

民国以后，宫中的珍奇有很多流入民间，明、清两代御用彩墨就是其中之一。明代宣德年间的五彩墨，从前还可以看见，然而大多是破碎的，整块的很少。近几年来，即使不完整的碎块也很难得到了。现在能看到的彩墨，都是清乾隆以后的。

五彩墨分为红、黄、绿、白、蓝，形状不一，牛舌形状的最多，每块重一斤，齐全的彩墨按民国的价格需要5000银圆，如果以单块来计价，则绿色最贵，红色最便宜。这是因为红色是朱砂的制品，非常容易得到。市面上仿制的彩墨很多，都是用各色颜料制成。这些彩墨大都研制不精，材料不实，不适合绘画。各个小摊上出售的小块长方形彩墨都是新制品，除了红色可以用来圈书，其他都没什么用途。

胡开文彩墨（1盒）

朱砂万年红墨

描金人物墨

第三章　纸

一、纸的源流

　　纸是中国古代四大发明之一，也是我国文房四宝之一。纸为文化传播立下了汗马功劳。即使在机制纸盛行的今天，某些传统的手工纸依然发挥着它不可替代的作用，焕发着独有的光彩。但未使用过的珍藏古纸并不多，如今只有在留传下来的古书画中尚能一窥其貌。

旧纸（6张）

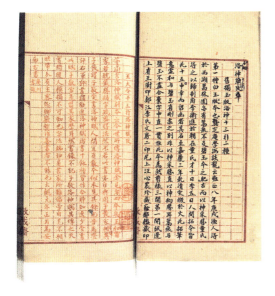

抄本玉版洛神十三行萃考（写本写经）

乾隆仿金粟山藏经纸

竹简（20块）

（一）纸的发明

纸的发明和应用，对人类文明的进步起到了推动作用。纸不仅是书写的理想材料，还是印刷的理想材料，因此，纸张的发明还为印刷术的发明奠定了基础。

纸在文房四宝中，较之笔、墨、砚晚出。人们一直认为东汉初期的宦官蔡伦是造纸术的发明人。

据范晔的《后汉书》记载："蔡伦，字敬仲，

清乾隆旧纸

桂阳人也……自古书契多编以竹简，其用缣帛者谓之为'纸'。缣贵而简重，并不便于人。伦乃造意，用树肤、麻头及敝布、鱼网以为纸。元兴元年，奏上之。帝善其能，自是莫不从用焉，

故天下咸称蔡侯纸。"

这是历史文献中最早的关于造纸术发明的记载。从记载中，我们可以看到蔡伦造纸使用的原材料是树皮、麻头、旧布、渔网等价格低廉的物料，这样造出的纸成本低，很快就得到了推广应用。

但是，在一些文献中记载了蔡伦之前就有纸张使用的例证。例如，在班固的《汉书》中，就记载了前12年用纸包药的事例。20世纪以来在甘肃天水放马滩、敦煌马圈湾烽燧遗址和敦煌甜水井汉悬泉邮驿遗址出土的西汉纸，以现存实物证实了远在蔡伦发明造纸术之前，西汉就已出现了纸张。这些纸出现的时间比蔡伦发明造纸术早了170年左右。

亭远舸图（绘图）

蔡伦塑像

根据考古发现得知，早在西汉时期就发明了纸张，只是当时的纸张质量较差，不能用于书写，到了西汉后期，纸张的质量才有了提高。而蔡伦正是在此造纸术的基础上，对原材料、工艺进行了改进，制造出了质量上乘的纸。蔡伦不但扩大了造纸的原料选择范围，而且为以后广用各种植物纤维造纸打下了基础。

105年，蔡伦所造的纸已经能满足书写的要求。对于蔡伦来说，造纸的目的就是用来取代木牍、竹简、缣帛等书写、记录文字的材料。

东汉末年，山东人左伯以造纸精美而闻名，当时的书法家都十分推崇左伯所制的纸，这种纸的质量已远远超过了蔡伦造的纸。

清代旧纸（单页8张）

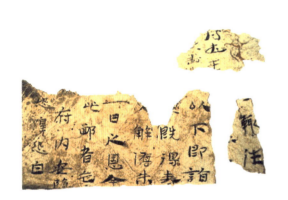

东汉经书残片

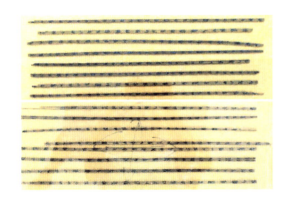

竹简16条（书法）

2002年作新英文书法——儿歌特制本色宣纸（绘画）水墨

（二）纸的发展

上古时候没有纸，便以竹木作书。秦时改用隶书，开始在绢素上写字。竹木很重，绢素很贵，读书人使用都不方便。东汉时期蔡伦发明造纸术，最初是捣碎渔网制成纸，后来用布头、树皮做原料造纸。用渔网制成的纸叫网纸；用布头制成的纸叫麻纸；用树皮制成的纸叫谷纸。所造的笺纸种类也颇多，有玉版、贡余、经屑、表光四种。玉版、贡余是用碎布、破鞋、乱麻制成；经屑、表光纯粹用乱麻制成，不掺杂其他东西。

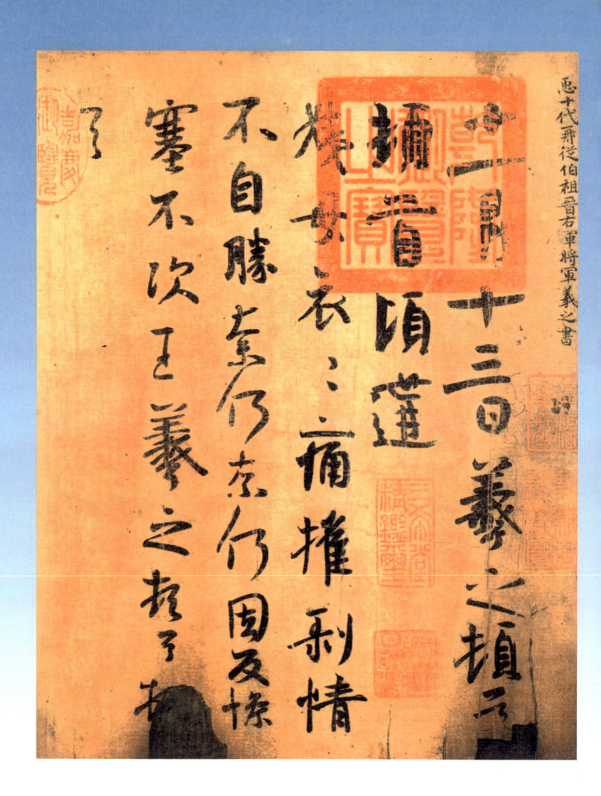

姨母帖

以上列举的各种纸和后世所制的纸不同，但其实物到底是什么样的，已经无法得知，如今只剩下这些名词供后人猜想了。

三国时期天下纷乱，战争连年，造纸业也没有太大的发展，只有蜀地出产的用棉丝造出来的纸有点进步，但一切仍遵循蔡伦的方法，名称、式样也和蔡伦所造的纸相同，并没有大的发展，所以并不被世人所称道。

到了晋代，造纸业有了进一步的发展，其中最著名的是子邑纸。其次则是侧理纸，也为

旧素宣纸（1 张）

世人称道。据《博物志》记载："南海以海苔为纸，其理侧倒，故谓侧理。"另据《长物志》记载："北纸用横帘造，纸纹必横，其质松而厚，谓之侧理。"两者解释不同，但是由此可以推知，侧理纸是当时最常用的纸。

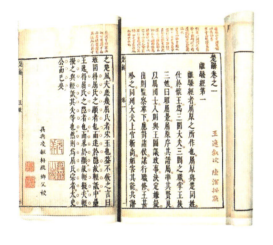

汉·王逸叙次　宋·陈深批点《楚辞十七卷》

金绘龙纹宫纸（43 张）

据说二王真迹多用南纸。南纸是用竖帘制成，纸纹也是竖的。大概是东晋南渡后北纸不易得到，况且王羲之父子的居所大多在会稽一带，所以多用南纸书写。这种纸高只有一尺多，而长则有一尺半，晋人所用纸幅大多如此，看看《兰亭序》的夹缝便可得知。

南北朝时齐高帝曾造凝光纸赐给王僧虔，凝光即银光。到了唐代，纸的需求量日益增加，而纸的产量也很大，硬黄纸就是当时最著名的一种纸，史料对"硬黄"也有诸多记载。《紫桃轩杂缀》记载："唐人遇魏晋人法书墨迹，极意钩摹，则用硬黄法：取纸置热熨斗上，以黄腊涂匀，纸性变硬而莹澈透明，有如明角，以之影写，纤毫毕见。"但《潜确类书》则记载："硬黄纸系以黄蘖染成，取其避蠹，其质如浆，

《丧乱帖》

金绘彩宣纸（95 张）

光泽莹滑，用以写经，极为合宜。"这两种说法虽然不同，但是硬黄纸创始于唐代却毫无疑问。当今世上所存的二王摹本，就有用硬黄纸书写的，硬黄纸是在唐代或唐代以后生产的也可由此推知。

除硬黄纸外，云蓝纸也很著名。云蓝纸由段成式在九江精心制造而成，质地很好，当时的文士乐于使用。至于蜀地所造的纸，唐代时已经集大成，特别是笺纸最为成功。《博物志》记载："元和中，蜀妓薛涛造十色花笺，深为社会所宝重。"当时的文人如元稹、白居易、牛僧孺、杜牧、刘禹锡等20余人与薛涛唱和，大多使用薛涛造的花笺，因此薛涛笺名传千古。但据元代费着的《笺纸谱》记载："十色笺系谢公所造，十色者，深红、粉红、杏红、明黄、深青、浅青、深绿、浅绿、铜绿、浅云是也。"而薛涛造的只有深红一色，所以宋、元时民间仍将红八行称为薛涛笺。虽然十色笺的制造者不能确定，但是十色笺在唐代已经非常流行是无可置疑的。

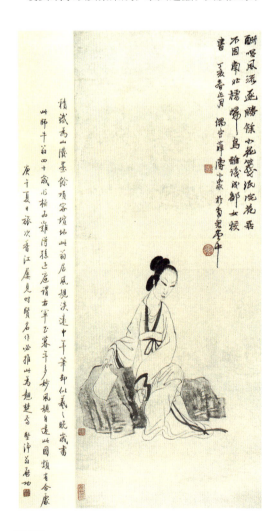

薛涛像

56

金绘云龙宫纸（50 张）

知的澄心堂纸，纸如卵膜，坚洁如玉，细箔光润，是当时最好的纸。

到了宋代，纸的制造技术已达到登峰造极的地步，对前代的名纸无不进行仿造，而尤以所仿的澄心堂纸最好，宋代书画大家大多使用这种纸。此外，还有张永自所造的纸，是当时最好的纸之一，官方造的纸都无法与其相比。其中的经笺可以揭开，分作数张使用。其他有名的纸还有碧云、春树、龙凤、团花、金花等笺纸。又有一种匹纸，长 5 丈。此外还有彩色粉笺、罗纹纸、藤白纸、研光小本张、腊黄藏经笺、鹄白纸、白玉版匹纸、蚕茧纸、歙纸、观音帘纸、竹纸、大笺纸和各种彩色粉笺纸等，数不胜数。藏经纸大概可分为金粟山与转轮两种。

其他常用的纸有短白帘粉蜡纸、布丝藤角纸、黄麻纸、白麻纸、桑皮纸、桑根纸、鸡林纸、苔纸、建中女儿青纸、卵纸、宣纸、松花纸、流沙纸、彩霞金粉龙凤丝绫纹纸、松皮纸、一蛮纸、笈皮纸、竹纸、楮皮纸、凝霜纸、稻秆纸、月面松纹纸等，种类非常多，不胜枚举。

南唐时，李后主酷爱文学，对于造纸业的发展也非常重视。这一时期，著名的纸有会府纸，长 2 丈，宽 1 丈，有数层绘帛那么厚，这是前所未有的。还有鄱阳白纸，长如匹练，也是当时新创造的。至于最著名的则属文人所共

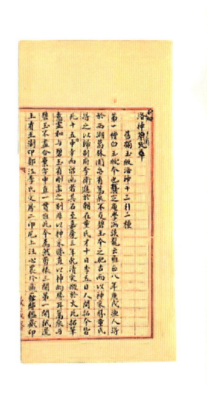

玉版洛神十三行萃考（红格纸）

到元代时，出现了与前代不同的纸，如白鹿纸、黄麻纸、铅山纸、常山纸、英山纸、观音纸、清江纸、上虞纸，笺纸有彩色粉笺、蜡笺、黄笺、花笺、罗纹笺等。

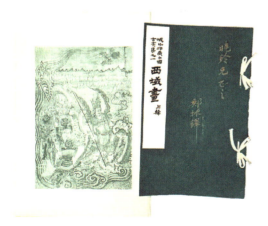

西域画

明代时纸类非常齐全，凡是以前的名纸都能仿制，政府对造纸事业也非常重视。永乐年间朝廷在江西西山设置官局，专造官纸，其中产量最大、质量最好的纸有连七纸和观音纸。此外还有奏本纸、榜纸、小笺纸、大笺纸。皇宫所用的纸有细密洒金五色粉笺、五色大帘纸、印金花五色笺、白笺、磁青纸、高丽茧纸、皮纸、松江潭笺、新安笺等，都非常精妙。

清代纸类尤其完备，不仅对前代的佳纸进行仿制，就是各国珍品纸也尽力购求。御用的纸有金云龄朱红福字绢笺、云龙珠红大小对笺、各色蜡笺、各色花绢笺、金花笺、梅花玉版笺。一般常用的纸有开化纸、开化榜纸、太史连纸、罗纹纸、棉纸、竹纸、宣纸等。旧纸则有侧理纸、藏经纸、金粟笺、明仁殿宣德敕笺。仿古的纸则有澄心堂纸、藏经纸、宣德

描金笺。此外，还有高丽的丽金笺、金龄笺、镜花笺、苔笺、咨文笺、竹青纸，西洋的金边纸、云母纸、漏花纸、各色笺纸等。

中国各代的名纸大略如上所述，仅按照纸名求之自然不可能得到，但遇见古代著名书画，则纸的鉴定则很有参考价值，因其所用的纸与时代必然要相符。如能随时留意，便能真正认识古纸了。

云龙洒金楹联纸（18 张）

毛直方，林祯编　联新事备诗学大成之十五（1 册）竹纸，元至正刻本

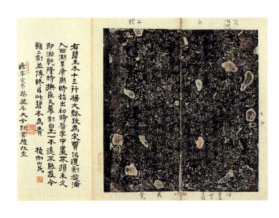

玉版十三行（1 册，罗纹纸裱册）

清代旧纸

二、纸述要

（一）纸的原料及制作

关于中国古代的造纸方法，史书上记载得很少，但就纸的制作工艺及其原理，发明迄今2000年来，并无多大实质性的变化。大概可以归纳为以下几点。

一是将砍伐来的植物，如麻类植物，用水浸泡，剥其皮，再用刀剁碎，放在锅里煮，待

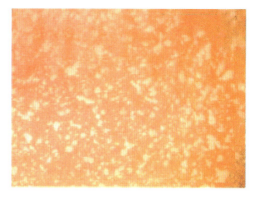

各种旧纸（5张）

晾凉后再行浸泡、脚踩，用棍棒搅拌，使其纤维变碎、变细。

二是掺入辅料，制成纸浆。

三是用抄纸器（竹帘之类）进行抄捞、晾干，即可制成为纸。

纸虽然出现较早，但真正用于书写和推广使用是在蔡伦造出质地优良的"蔡侯纸"之后。404年，东晋桓玄帝曾下令废简用纸，使纸的应用得到了推广和普及。用历史的观点看问题，可知历史上任何一项重大工艺技术的发明都不是偶然的，都具有从设想到雏形，再到完善的发展过程。蔡伦之前虽然有纸，但这无损于蔡伦作为重大改良者和完善造纸术这一发明的发明者的丰功伟绩。是蔡伦的发明创造，使纸进入了实用阶段，并迅速、广泛地推广开来，为促进印刷术的产生和发展提供了物美价廉而又易得的承印物。

素玉版宣纸（4尺整张，2张）

古代造纸工艺流程图

（二）纸的种类

造纸的主要原料多为植物纤维，以竹与木为主，木之纤维柔韧，制成之纸，吸墨性较强；竹之纤维脆硬，所制之纸，吸墨性较弱，主要包括以下几类。

澄心堂纸：为南唐李后主所使用之名纸，与廷圭墨齐名。特性平滑紧密，有"滑如春冰密如玺"之称，为弱吸墨纸之上品，差一点的称玉水纸，次差的称冷金笺。"轻脆"即其特性。

仿金粟山藏经纸（2 张）

疆厅库官票一百文（棉纸）

返性图 竹纸（10 册，绘画）

旧纸（1 卷 10 张）

仿金粟山藏经纸（20 张，1 帙）

蜀笺：据说西蜀传有蔡伦造纸古法，所产蜀笺，自唐以来颇负盛名，如薛涛笺、谢公笺等。据说因其地水质精纯，故其纸特优。"谢公笺"以师厚创笺样得名，因有十色，又称十色笺。"薛涛笺"则因薛涛得名，此种彩色笺纸虽系遵古法制成，但染色易败，不能传久，为应酬把玩罢了。

金粟山藏经纸（1张）

描金整张旧纸（单片2张）

藏经纸：藏经纸乃佛寺用以书写或印制佛经的纸，又名金粟笺，有黄、白两种。

明清常用之泥金笺、蜡笺，今天已很少见，冷光笺虽为表光之最下者，也很少见了。民国一般都用日本制的鸟子纸，但价格昂贵，又不能持久，其实并不实用。

强吸墨纸类：多系木质纤维所制，吸墨性强，表面生涩，墨一落纸极易漫开，书写前常加浆或涂蜡，光彩不若笺纸鲜明，较为含蓄，以宣纸类为主。虽然较晚出现，但今已取代笺纸成为最名贵的书写用纸。

宣纸与仿宣：今日最名贵之书写用纸便是玉版宣了。玉版宣，合桑、短节木头、稻秆与檀木皮以石灰浸之制成，吸墨性最强，质地最优。宣纸以安徽宣城而得名，但宣城本地其实不产纸，而是周围诸地产纸，皆以宣城为集散地。

名贵的玉版宣并不是人人都可使用的，因为它非常吸墨，所以运笔过慢的人，用得就很辛苦：只要笔稍停，墨就会渗出来，形成一个大大的墨团！但也有人利用它的特性，创作出别有风味的作品，像包世臣的淡墨书，齐白石的大笔写意画等。

因为宣纸过于吸墨，就有人加以改良：或用砑光，或加胶矾，还有加浆而成的。经过改良之后的宣纸吸墨性略减，比较容易书写。

毛边纸、元书纸与棉纸：宣纸昂贵，一般习字时多用毛边纸。这种纸本来是用于印书的，但因为纸质优良，常有人买了书之后将其裁来练字，所以称为"毛边纸"。此纸所用原料以竹为主，色呈牙黄，质地精良，和我们今天中小学生习字簿所用的机器制毛边纸有很大的差距。元书纸和毛边纸近似，但今已无闻。安徽所制的棉纸也可以算是这一类，质地较佳，颇具韧性，价格也不是很贵，可以作为习字用。

宣纸（20张）

粉笺隐金云龙纹旧纸（1张）

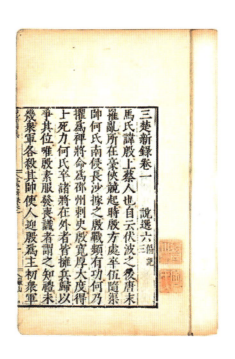

说选　白棉纸线装（8册）

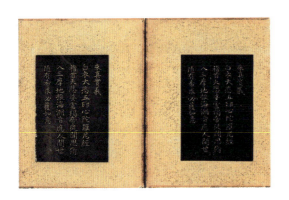

玉版白衣大悲五印心陀罗尼经（1册纸本，旧纸）

旧宣纸五尺整纸（25张）

高丽纸（10张）

（三）纸的选择方法

质地柔韧厚密

选择纸张，质地是最重要的，质地不佳的纸既容易损笔，又不易保存，古今名纸，莫不以品质见称，如澄心堂纸"密如玺"，玉版宣"柔韧、耐久"。纸质坚韧紧密是最好的，选择时以目测就可以知晓。

色彩洁白

纸如果不白，则可能原料不好或水质欠佳，都算不上是好的纸。洁白无比的玉版宣便以檀木为原料，蜀笺则"以浣花潭水造纸"，都是佳例。

若是染色的，也要精纯洁白，才是优良之纸，但染色之纸不易传久，若希望作品百年后能放在博物馆收藏，还是避免使用的好。洁白不洁白用眼睛看就能辨别。

表面光涩适中

纸之表面有光滑和粗涩之分；光滑固易行笔，但若过滑而笔轻拂即过，便无笔力可言；若粗涩则与之相反，易得笔力，但过涩则难于施笔，易损笔锋，真正的好纸应该"细而不涩"。此项可凭视觉与触觉分辨，便不做赘述。

吸墨适度

纸须能入墨，否则墨浮纸表，易于脱落，不能久存。一般而言，宣纸类吸墨能力较强，笺纸则反之。故择纸时要考虑到书体及个人运笔速度，要以墨汁能入纸但不成"团"为佳，选购时若店家允许，尽管用墨去试，一试便知。

五彩纸（5张）

荣宝斋木版水印空白宣纸（2张）

旧宣纸六尺整纸（20张）

据碑帖择纸

　　临摹碑帖，若要求形似神肖，不仅要注意择笔，也要选择合适的纸。择纸先辨其吸墨性，视真迹的入纸程度而定，入纸多则选用强吸墨纸，反之便选较弱者。若无法窥知入墨实况，如石板所印者，亦可就其风俗辨之：锋芒显露，神采奕奕者，多用笺纸类；温润含蓄，风华内敛者，则可选用宣纸类。

依个性择纸

　　除根据以上几点选择以外，还可依据个人的喜好来选择。此外，运笔急者，应选强吸墨纸，其墨方能入纸。行笔迟缓者，则可选弱吸墨纸，不然墨团跃然纸上，影响美观。

　　（四）纸的使用方法

宜平

　　书写时必须把纸平放，才易于书写；若纸皱，便不易书写了。但也有人写古篆隶时，故意将纸揉皱，以求斑驳之效与古意。

洁净

　　纸张污秽，会影响运笔与墨色，灰尘也会影响运笔，若与墨汁相杂，墨既不坚，也缺乏光彩。

分格

　　写字最重法度，故"书""法"并称，尤重间架与章法，布置章法有纵行横列之分，立定间架则有九宫、田字、米字诸式。线条亦有明暗之别，凡篆隶行草楷诸体都是如此，尤其是楷书更为重要。据说唐人重"法"，丝毫不苟，看名家字帖，其法度之严谨，空前绝后，故有九宫创于唐人之说。

　　分格也需随书体而定，法度最严的楷书和篆隶，纵横需整齐，行列皆可划分，而行草唯有直行，不宜加横列，以免缚手缚脚，不得纵放。明线宜细，以免妨害观瞻，暗线用书宜轻，

素宣纸（净皮，1张）

旧纸（4张）

不必涂抹，以免损毁纸张。若摺纸则易起皱折，妨碍运笔，亦须避免。

固定

书写时纸需固定，若纸随笔动，写字便不能得心应手。方法除了以左手按纸，也可以用物品压在适当位置（古时用镇尺），使纸固定。

垫吸水布

以笔饱蘸浓墨写字时于顿挫重按处，力透纸背，墨渗纸外，不但会沾污桌面，且笔画染开，也会破坏画面。所以需要以吸水纸或布垫在纸下，可以将渗出的墨吸干净，保持画面整洁。

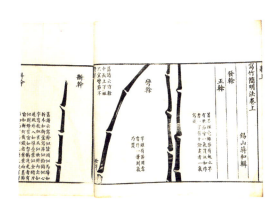

锡山蒋和辑 蒋最峰写竹简明法 2 卷（白纸，线装 2 册）

待干收纸

墨汁未干时不能收纸，否则好好的一个字平白多了个"镜像"，会令人哭笑不得。还有，不要人为地用错误的方法催干，如用卫生纸吸干，不但会使墨易脱落，且会使墨色受损，最好是自然晾干。收拾时，不要任意折叠，以免损纸，有碍美观。

存放在阴凉干燥处

纸容易受潮而腐朽，过度干燥又会破裂，因此若想使作品能长久保存，应放置在阴凉干燥的地方，另外注意防止虫蛀。

三、纸的收藏与鉴别

（一）纸的价值

纸上有了字和画，就担负了文化传播的使命，纯以文房清玩的形式藏至今日的古纸并不多见。所以，要鉴别纸的年代，往往要与字画

描金对联旧纸（单片 5 对）

黄杨木雕太公钓鱼镇纸

联系起来。

　　民间收藏的未使用过的纸大多是清代以后的产品。清朝的纸豪华绚丽，与其说是用于挥洒笔墨，还不如说是作为权威的象征，专供皇帝、显贵之用和作为彰显富贵的奢耀之物，而并不能满足文人的挥洒欲望。南唐李后主曾制澄心堂纸，这种彩色的笺纸传到乾隆时期时，乾隆帝十分喜爱，下令仿造了"乾隆仿制澄心堂纸"。由于乾隆性喜奢华，故清朝华贵纸品如蜡笺、洒金笺、彩笺、图案笺、花纹笺、金箔笺等层出不穷，甚至还出现了 3 米以上描有花纹、涂蜡撒金的纸笺，所绘内容有山水、楼台、云龙、凤凰、鸟兽、花卉等，底色五彩斑斓，极为华丽，可惜眼下这种花纹笺已成稀罕之物。书怀——诗笺，是清朝的另一类名贵纸。此种纸张应用在写诗稿或书信上，以水印技法木版印刷而成。通常是由清代的著名画家绘图，再予以彩色印刷。另外有诗笺上画有商周的青铜器，或以双

洒金素宣纸（约 4 尺，对开 2 张）

清宫旧纸

粉白地双龙戏珠暗花宣纸

钩法将铭文、古碑上的字句描绘出来。薛涛笺现在已难寻觅，只有少许清末或民国时期的笺纸留存了下来，但其售价极高。

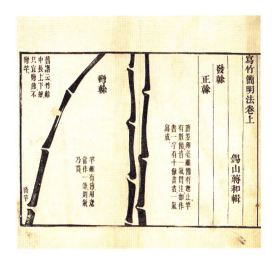

写竹简明法（4 册，白纸）

清末民初，各地纷纷利用本地资源致力于书写用纸的生产。如泾县的鸟纹宣纸、露皇宣、小岭虎皮宣、四川夹江宣、河北迁安书画宣、湖南浏阳贡宣、广东仁化长江宣、湖北潜山汉皮宣、江西铅山连史宣、陕西镇巴秦宝宣等，其中以露皇宣为宣纸之王，更为世所罕见，人们称之为"国宝"。该宣纸属特大净皮宣纸类，具有质白如玉、色泽美雅、纹理清晰、文藤精细、拉力强、抗老化、不易破碎、易保存、防腐蚀、吸墨适中、墨韵清晰等优点，深受国内外书画家的推崇和喜爱。

（二）纸的鉴别

鉴别古旧纸笺首先要确定年代，其年代大致分为清初、清中期、清末和民初四个时期，明末起至清康熙年间的好纸较少，嘉庆时期的纸笺多为仿前朝制品，所以乾隆时期的纸笺最为名贵。其次最好不要相信印在纸笺上的年代，因为清末民初仿制了大量的乾隆时期的帝王专用笺。再次要熟悉、掌握各种纸笺的制作特点、形式及装饰图案。最后要看清纸张表面是否光滑匀净，是否有杂渍或颜色的陈旧是否自然。通常古纸偏厚，破碎后呈小块状，断面多有斜纹。

麻纸（单片 1 张，黄麻纸）

宣德描金云龙纹粉纸

67

仿制者千方百计寻找旧纸，然而旧纸流传者极少，民国初年或许会有一些，现在已基本绝迹。但一些仿制者挖空心思，从旧书画册上剪掉多余的白页，拼凑起来，在旧纸上作新画，蒙骗了不少人。总的来看，陈年旧纸越来越不易得到，仿制者唯一的方法就是新纸作旧。

新纸作旧方法很多，其中色水染法是用栀子、红茶浸纸，也有用橡树果实的皮壳，经水煮沸后制成色水，再根据不同书画的颜色，配对墨水、花青、朱磦、赭石等色，对照原画上染补色的。现在新纸作旧的技术更为先进，用强光照射，或用强紫外线照射，可加速新纸老化过程，还有的用烟熏火烤法使新纸变成旧色。

仿金粟山藏经纸（印刷文物，19 张）

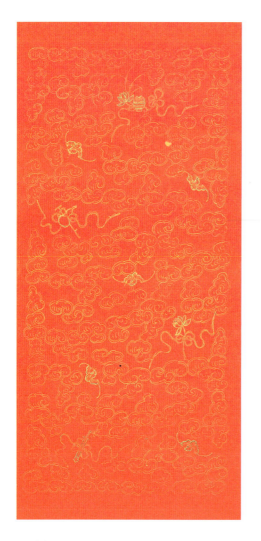

云纹福寿蜡笺纸

玉版十三行（1 册，皮纸裱本）

玉版十三行（1 册，棉连纸裱本）

作旧手法无论多么高明，总会有破绽。染纸必有水染痕迹；配色染旧常有深浅不一、色泽浓淡不匀的现象；熟纸染色轻轻一划即见白底；若是烟熏，必有烟味。总之，只要细心观察，就能鉴别优劣。

19世纪宣纸本（4幅）

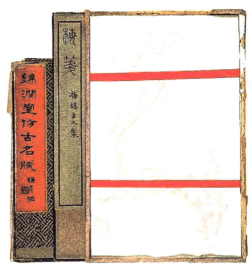

仿古笺纸

第四章　砚

一、砚的源流

砚，我国古代文房四宝之一，在中国古代文化史上占有极其重要的地位，古代曾有"以文为业砚为田"的说法，很多文人墨客视砚台为知己好友，形影不离，并赋诗赞咏。朱锦琮在一首咏砚诗中这样写道："毋份混沌，眼毋

兰亭端砚

端砚

王安石（款）端砚

雕龙蝠砚

著纤尘；文彩毋以炫世人，惟我与子长结邻。"

砚起源于新石器时代。最早的砚是半坡村遗址出土的研磨颜料的研磨器，后秦汉时期出现陶砚、瓦砚、铜砚、漆砚等，至唐代起各地相继发现适合制砚的石料，开始了以石为主的砚台制作。广东肇庆（古称端州）的端砚，河南、山西的澄泥砚，江西婺源（古时由安徽歙州治）的歙砚，甘肃洮河的洮河砚为我国"四大名砚"。其中端砚以石质优良、细腻滋润和涩不留笔、滑不拒墨的优点，被推为"群砚之首"，享誉至今。

(一) 砚的诞生

我国制造砚台的历史非常久远，可以追溯到原始社会时期。有资料说砚是由原始社会的研磨器演变而来的，又称研。最早的砚台，是将颜料放置在石头上进行研磨。到春秋时期砚台基本成型，到汉代砚台开始被推广，并从此抛开砚石自成一体。

砚具体从什么时候开始被文人使用，其年代已经不可考证。但是从中国文字的演变进程上可以有一个大致的了解。古人最早记录文字是用刀刻，后来用漆进行书写，当然也不用砚，因为砚是用来磨墨的。漆书虽有盛漆用具，但它不用于磨墨，也不能称为砚。到了周代初期，开始有人用石墨磨汁来书写。石墨需要研，而研石墨的用具，无论是什么器物，都可以称之为砚，砚的起源应该就是在那时。当时所使用的砚，都是用瓦制作的，所以称为瓦砚。瓦砚就是最早用来磨墨的砚。瓦砚是用瓦制成的砚，但绝不是随便用房屋上的瓦片来当作砚用。用来制砚的瓦都要经过精心挑选，要求瓦的质地坚硬，声音清脆，绝没有沙粒石粒掺杂其中，要比澄浆金砖更为细腻。在唐以前的千余年间，作书、作画全用这种砚来磨墨。

端石雕素端砚

杜如晦仕女形红丝石砚

双盘龙三足石砚

金蟾端砚

（二）砚的发展

唐、宋两朝所用的砚种类最多。除特制的瓦砚外，还有很多以秦、汉砖瓦为材料制成的砚。除了瓦砚外，石砚的使用也是从那个时候开始的。用石头来做砚，以前就有人这么做，如伍缉之《从征记》记载："鲁之孔庙有石砚一块，制作古朴，盖孔子所用物也。"秦、汉时期也有关于用石头做成砚的记载，可是，通常把石砚的出现时间定为唐代，这是为什么呢？原来唐代以前的"石砚"并无砚的形状，只是普通的石片，是临时捡来用的东西，用完就随手丢掉。所以今天时常见到唐代以前的瓦砚，未听说有唐代以前的石砚。因为在唐代以前，端、歙砚石尚未被发现，所以用来做砚的都是一些

微型脂黛红丝石砚

青釉辟雍瓷砚

石暖砚

夏衍铭端砚

普通的石片，质地往往不太好，做工也不精良，既没有瓦砚实用，也没有瓦砚美观。

唐代，端、歙砚石开始相继被发现，人们才知道石砚的实用和贵重，于是很多人便努力开采砚石并精心制作石砚，所以说石砚的真正使用是从唐代开始的。因为砚石是在深水处的岩石中开采，取捞极为困难，因此为开采石头而受伤的事情每年都有发生，所以官府有时会下令禁止开采。因为官方不予以支持，而采石的人又大多是穷困的贫民，所以财力、人力均不足，以致当时的石砚产量不大，石质也不怎么好。所以整个唐代，用瓦砚的人仍很多，用石砚的只占少数。但因此时文人的提倡，喜好石砚的人越来越多，使用的人也不断地增加，石砚的产量也越来越大。

闲足道人长方端砚

元代，对于砚坑采取了一定的保护措施。元代规定在端、歙等地设立把总一员，同时还派一些士兵专门守卫砚石的开采场所。另外，元代法律规定，盗采坑石要按盗窃论罪。所以元朝时，砚石没有大的开采，砚坑也没有遭到破坏。

明代初期，砚石的开采时而放行，时而禁止，开采制度制定不够周全，而且当时宦官当权，贿赂成风，导致佳美砚材大量流入宦官权贵手中。明朝末年，盗掘的风气很流行，不仅百姓盗采，官员也盗采。崇祯末年，熊文灿任两广总督时，指挥部下任意盗取砚石，夜间工作，不选择地形，大肆乱凿乱采。百姓盗石更是只图方便，致使灵秀之脉也因此遭受鲁莽割裂而毁灭。从石砚创兴到明代，官民开采的砚石已经能够满足社会的需要。所以元明时多用石砚，除了前代所遗留下来的以及政府所造的少数瓦砚外，民间已很少有人再使用瓦砚了。

小寿桃端砚

紫端宋坑砚

到了五代南唐时，官府在端、歙设置砚务，挑选制砚工艺水平高的人，授给他九品官职，每月发给俸禄，称为砚务官。砚务官每年负责为官府制造一定数量的石砚，同时在其他各地可以开采砚石的地方也尽力开采，因此石砚的产量日益增多。

到宋代，读书人所用的石砚已经和瓦砚各占一半。石砚一经发明，即被文人士大夫所看重，唐宋文豪、书画名家都很珍视石砚，由此可见砚石之美，吸引人的魅力之大。宋代时瓦砚虽还在通用，但已经比不上石砚，最后终于被石砚所代替而彻底消失了。

白玉连年有余砚

清初三藩叛乱，朝廷顾不上管理砚坑，因此一些容易采到的砚石被百姓全部采尽。乾隆时期也曾重新整理砚坑并大量开采，凡是以前不能和不容易开采的砚石都想方设法进行开采，故乾隆时生产的砚在质地、花纹方面都比前代优良。清末张之洞任两广总督时也进行了大量开采，而且多为大件，人们所说的张坑，即是指此而言。此后因石砚的价格降低，就再也没有听说有人开采了。

中国生产石砚的地方虽然很多，但要论质地之优良，出产数量之大，没有哪里可以和端、歙这两个地方相比，所以人们评论砚石都要把端、歙二石放在首位。其他地方的砚石因为成色平庸，数量有限，虽有似无，所以明了端、歙者，即可了然砚之一切。

二、砚述要

（一）砚的种类

砚分为瓦砚和石砚两大类。瓦砚因其制作方法的不同又分为澄泥和古名砖瓦两种。石砚以其产地的不同又分为端砚、歙砚、乌金砚、灵岩石砚、开花石砚、大沱石砚、沅州石砚、溪石砚、洮石砚、紫金石砚、红丝石砚、角石砚、绿石砚、金星石砚等十余种。现分别叙述如下。

澄泥砚

澄积细泥烧炼而成的砚。唐代以前，歙、端石砚未被发现之时，国人作书作画，研墨的用具多为泥砚。普通的陶器质地稀松，多含砂砾，不适于研墨和贮墨，必须将澄泥细压坚实入窑烧炼后才能使用。

云龙戏珠端砚

仿唐饕餮纹古砚

陈子庄款端砚

双龙戏珠纹端砚

在唐以前的千余年间，烧泥制砚成为国人普遍使用的文具。因为泥砚烧制非常容易，随处都可制造，不像瓷器那样必限于某地以及某窑。所以泥砚没有特别的产地，亦无特殊的名窑，只是以山西绛县烧制的砚最为著名，它是将缝好的绢袋置于汾水河底，逾年后泥则装满袋中，取出晒干，切成各种形状，然后入窑烧制。或者用夹布囊盛细泥，在水中摆动，让细泥淤积水中，然后倒去清水，使细泥微干，加入黄丹团搅成面状，放入模中，把土压坚实，用竹刀刻成砚状。慢慢阴干，用锋利的刀削成，曝晒后混在稻糠与黄牛粪中放入窑中，烧24小时，然后放入墨蜡、贮米醋蒸，此后砚质坚硬堪比石头，盛水也不干涸。

唐代的砚品以虢州为第一，虢州即绛县。上海的宝山澄泥砚也很有名，因为宝山靠近海边，是扬子江的入海口，海滩盛产适合造砚的泥土，所以制成的砚质量很好。

云纹澄泥砚

长方抄手澄泥砚

牧牛澄泥砚

据考察，澄泥砚的颜色以鳝鱼黄为上等品，绿头青次之，玫瑰紫又次之。鳝鱼黄上有斑点的称为砂，大的叫豆瓣砂，小的叫绿豆砂，两种砂都有的就更宜于落墨。后人虽有仿造，但因为所用的泥土质地粗劣，火度低微，造出来的产品十分粗糙。仿制的瓦砚颜色庞杂，浮浅干枯，稍一比较就可辨出优劣。

澄泥井字砚

秦汉砖瓦砚

秦汉时著名的建筑所使用的砖瓦都是用澄泥特制的，成分完全与澄泥砚相同，而且均掺有许多金属在里边，质地极密，体重而声音清脆，用来做砚比用特选的泥制成的砚质量还要好，这类砖瓦在当时就很珍贵，每件均刻有年代、瓦名和制造者姓名，平民很难得到它，即使能得到，也因为是朝廷的专用物而不敢随便使用。所以，秦汉时没有人用宫殿砖瓦来做砚。后来，因为经常发生战乱，很多著名建筑先后毁于战火，因此秦汉的著名器物不是损毁就是埋藏在了地下。

铭纹砖砚

秦砖砚

瓦当端砚

晋砖随形砚

唐、宋时期，有人从地下挖出秦汉砖瓦，见其质地精纯，制作佳妙，于是把它制成砚。砖瓦的制造是在秦、汉时，而用来做砚却是在唐、宋。不过，并不是所有的秦、汉砖瓦都可制砚，砖是用圹砖，瓦则是用覆檐瓦头去其身而做，俗称为"瓦头砚"。如果凡是瓦都可做砚，那秦、汉砖瓦砚就没有什么可稀奇的了。那时制砚只取瓦头，但一宫一殿的瓦头却很有限。以现在的故宫三大殿而言，覆瓦虽多，但瓦头也很有限，而且瓦头在檐端，最易损毁。秦、汉有名的建筑虽多，但就瓦头而言，数量必定有限，如果再经过战火的烧毁、人为的损坏，能保存到唐、宋时期的数量也就微乎其微了。物以稀为贵，这就是用它制作的砚很宝贵的原因。

秦砖铭文砚

大吉砖砚

西晋的太康砖等数十种。其中用汉代未央宫的瓦制的瓦砚最多。

据考证，未央宫在长安，汉高祖七年（前200年）丞相萧何所建。宫中诸殿的瓦，形状如半筒，而覆檐际的瓦当其头有一面向外，其面径5寸，周长一尺六寸多，有4个篆字，共7种，分别是"汉并天下""长乐未央""储胥未央""长生无极""万寿无疆""永寿无疆""太极未央"。瓦厚不到一寸，其背平可研墨，但因该瓦质较粗，入土时间久，渴水性较强，质量就比不上铜雀瓦砚。而铜雀台是曹操掌权时制造的，人们因为不喜欢曹操因而也不喜欢铜雀台，所以铜雀瓦砚也终究不如未央瓦砚那样被世人重视。瓦质非常容易仿造，当秦砖汉瓦成为珍稀之物时就开始有人仿制，其中以明代江西宁王仿造的最好。

明宣德年间，宁王府老亲王仿造汉未央宫瓦砚做成布瓦样式，十分精致，常用来赐给来往官员，很受人们的珍视。所造的瓦砚研墨也有很强的渴水性。其瓦高8寸有余，宽6寸，厚不到1寸；面上有铭文11行，每行6字，末尾有"曜仙书"三字，用的都是古隶体，下有"宁国"二字。面部中间剜，其四围作小绦环样砚，砚上有水池，左边有"炎汉古甓，维天所锡"，右边有"子子孙孙永宝世袭"，都是8个篆字，下边有"为爱甄陶之质，宜加即墨之封"12个小篆字，共4行。背面中间大书"未央宫东阁瓦"6字，每字大约一寸见方，左边有"大汉十年"4字，右边有"鄷侯萧何监造"6字，都是隶书体。

秦、汉砖瓦的成色如何，史书上并没有记载。哪些质量上乘适合制砚，哪些质量低劣不适合制砚，选择的依据是使用者先经过实验然后再做决定的。实际上用得最多的瓦有秦代的周丰宫瓦、阿房宫瓦、兰池宫瓦、卫字瓦、信宫瓦、鸿台瓦；汉代的未央宫瓦、骀荡宫瓦、长安瓦、万岁宫瓦、甘泉宫瓦、延寿观瓦、高安观瓦、平乐观瓦、白鹿观瓦、便殿瓦、上林苑瓦、甘林瓦、八风台瓦、乐府瓦；魏国的铜雀瓦、冢瓦。用得最多的砖有秦代的周丰宫砖；汉代的竟宁砖、建平砖、永宁砖、永建砖、本初砖、中平砖、万岁砖、蜀师砖、寿孝砖、长乐砖；魏国的铜雀台砖；吴国的宝鼎砖、建兴砖、孙氏砖；

未央宫东阁瓦砚

秦、汉各宫殿的砖瓦在制造时分为不同的种类。如卫字瓦，其上文字的书写方式就有十余种。未发现的秦、汉瓦应该还有很多，不同的地方如正殿、便殿、偏室，用的瓦也应该不同，种类也必然不一样。仿造的人利用此特点随意仿造，以致后人无法鉴别。但是人们哪里知道，秦、汉时烧造瓦当投入了很大的精力，所有瓦当窑温极高，又加了金属在里面，所以质地坚实，声音清脆。后代仿制者受人力、物力限制，只要用心仔细检视，瓦当的优劣是可以区别出来的。其他砖瓦情况大致与之相同。谨举此例，可见一斑。

端砚

端砚产于广东高要县(今属肇庆市)的端溪，所以叫端砚，以其产地而得名。端溪位于高要县以东33里的座斧柯山，在大江之南，对面是

抄手端砚

箕形端砚

十二罗汉绿端砚

灵羊峡，峻峙壁立，下际潮水。从江边往山上走三四里就到了砚岩。最先到的地方是下岩，下岩中有泉水，即使大旱也不会干涸。下岩的上边称中岩，中岩之上称上岩。从上岩转到山的背后称龙岩，龙岩就是唐代取砚石的场所，后来因为下岩的砚石质地比龙岩好，人们就不再在龙岩取石了。岩石中色深紫少眼的、水中石色青的、半山石色紫的、山顶石润如猪肝色的都是上等品。端溪到宋代时已全被水淹，砚工都是在水中采石，所以优质的砚石极为难得。

端州在汉代时不属汉室，自南越王赵佗归化后开始归入汉朝版图。端石是在唐武德年间

端砚

78

震旦角石砚

"凤"字紫金石砚

年间又再次重开，都是开了不久又封闭。今天所说的永乐坑、成化坑、宣德岩、万历坑，都是当时的遗迹，然而当时采到的砚石都没有什么特别优质的。崇祯末年，熊文灿私行盗采，连夜加工，只管采石不管保存石坑，人们把他采过的坑称为熊坑。

被发现的，最初开采时并没有优质砚石。五代及宋代初年，开采的力度最大，这一时期砚石产量最多、品质最好。最初开采下岩的北壁，南壁的砚石后来开采最多。北壁砚石全都浸在水中，而且泉水半浸其石，所以北壁所出的砚石更润泽。从至平到宣和年间，砚越来越受到重视，南壁、北壁都被凿成了洞，砚石有上岩、中岩、下岩的差异，也有东洞、正洞、西洞之分。

唐、宋时朝廷设置了砚务官驻守，每年责令向朝廷进贡一定数量的石砚。进贡的石砚数量开采够之后，就把砚石坑封起来，百姓不得盗采。采石方法是一个坑开凿完再开凿另外一个坑，所以坑有新旧之名。元代则将端溪封闭起来，不准开采。明代永乐年间重新开采，没过多久又封闭。宣德年间又重开，成化、万历

到康熙时，没有禁止开采砚石，开采的风气很盛，而且开采的砚石质地越来越精美，有人说已经得到端溪砚石的精髓了。此后源源不断地凿出石洞，洞越深，采石越难，花费也越多，采到的优质砚石也越多。清朝时开采砚石数量虽多，但以乾隆时吴淞岩、杨景素两人所采到的品质最好，所以吴公坑、杨公坑也就比较有名。清末张之洞开采的石洞出产砚石也很多，而且优质的也不少，所以现存的石砚多出于张坑。

海兽纹端砚

沅州石砚

端石质地之美无以复加，既适于做砚又可以供玩赏，而且产量丰富，开采多年也开采不完，就像是因为苍天钟情中国人用毛笔书写而特别赐予的一样。石品中的优质品有青花、鱼脑冻、蕉叶白、天青、冰纹、火捺斑、马尾纹、胭脂晕、鸲鹆眼等，都是砚石中的精华。

端石中的子石最为优质。子石生在大石中，是精品石质。以紫石为上等品，并且以紫石中贮水不耗者为佳，以青花及鸲鹆眼之类精妙者为贵，有铓的砚更容易发墨。总之，石性贵润，色贵青紫。由于端石产在穷渊深谷，玉肌腻理，入手温润，视之自有一种生气，显得鲜洁美丽。用砚磨墨，砚与墨相亲，摩挲心动。在隆冬非常寒冷的天气，其他的砚中墨水常常结成冰，而端砚中墨水却不结冰。其品质之美不可尽述，的确是天赐宝物。

诗文端砚

井字端砚

端砚

黄易端砚

歙砚

歙砚产于江西婺源的歙溪，所以称为歙砚，也是以产地命名的。唐开元年间，猎人叶氏追逐野兽到长城周围，看见叠石像城垒的样子，莹洁可爱，便带了一块石头回去，刻制成砚，其温润程度超过了端砚。过了数代，叶氏的儿孙将砚石送给县令，县令喜爱，找到技艺高超的砚匠将其斫成砚，于是婺源砚石开始流传。到南唐时，元宗喜好翰墨，歙县的地方官便献上歙砚，并且举荐砚工李少微。李少微得到皇帝嘉奖，被任职为砚官，石工周全拜其为师。以后工匠对砚的形制增益很多，从此歙砚开始闻名于天下。

歙砚石有金星、银星、罗纹、

刷丝、眉子等种类。所谓金星，是指石上布满金黄色细碎小点，这是最珍贵的品种，斑点鲜明像泥金的是上品，最好的形似龙尾，称之为"龙尾金星"。如果金星散布在砚体上，好像花瓣落满一般，则质地略微差一点。还有的金星带有绿色，有的花纹像芦花，有的像织罗图案，有的像眉毛或像鹧鸪斑，其花纹都像银子一样白，这四种又要差一些。如果不带花纹就不值得品论了。

所谓银星，是指砚面上有很多白点，大小像粟米那样。金、银星歙砚石皆为淡青黑色，并且粗糙，有星处均不堪磨墨。工人制作时都把侧面当作砚面，使有星的一面在外面，称为"金

银星墙壁"。所谓罗纹，是指砚石如细罗纹而质润如玉。刷丝是指纹细密如发，每条丝理相去一二分不等，如果黄白色相间的则称为金银间刷丝，细密精致。眉子，它的纹理有的像甲痕，有的像躺着的蚕，有长至二三寸的，都是以其纹理的相似物而命名。上述种类的优质砚石在南唐时都被开采完了，到宋代就没有再采得过。

今天歙溪早已是一片荒墟，成了历史遗迹。后来还有人偶尔在歙溪附近采到过砚石，也不过是普通砚石，只可供凡夫俗子研墨使用，与唐、宋代的那种质地与珠宝相似、声音与金玉相似的砚石已经完全不是一个档次的了。

歙石中以卵石最为珍贵，就像端石中以子石最为珍贵一样。体积大的歙石很难采到，最大的也不过四五寸。古人制砚时根据坯的大小做月形砚。歙石质地极细腻，还有一点涩墨；端石中最好的则润如鏊盘塌腊，二者的区别就在于此。歙溪范围很小，而且宋代以前是全国的产砚中心区，多数砚石都产于此地，所以宋时优质砚石已被采完，以后所产砚石或出自附近岩溪，或是其他溪石，都是冒充品。

王丘六足莲花奉双凤池歙砚

鳄鱼形歙砚

蝉形抄手歙砚

箕形歙砚

砚石以水成岩为最佳，没有声音的是最好的。西洞的石头虽取裁过薄，但是叩起来不可能没有声音，只不过不像其他石头那样发出铮铮声响。即使石上斑点和纹理交错的，其发墨的程度还是远远胜过其他石头，此是其宝贵的原因。（参照《端砚溪诺记》）

叩石发出和木一样的声音的是上品，发出金声、瓦声的是下品。木声拍拍然，金声当当然，瓦声当当然。老坑砚石都是发出像木头样的声音，麻子坑中的佳品也这样，其他的就不一样了。因为石润则声沉，石燥则声浮。声音清越而且悠长，像是在水边发出声音的，均不是优良的石头。

松花石砚

陈端友制提梁卣图端砚

熊足青釉瓷砚

红漆金盒端砚

陶石砚

秦汉时期的砚形状简单，西汉时则多为圆形石饼，到了东汉时期，则在圆形砚盘下有三足，上有砚盖，盖面上常镂出旋绕的蟠螭纹。除圆形砚外，还出现了长方形石版砚，称为黛砚。砚盒的制作非常精美，如徐州出土的汉代兽形铜砚盒，通体鎏金，满布鎏银的云气纹，镶嵌红珊瑚、绿松石和青金石，造型瑰奇，色彩绚烂，华贵富丽。此外，漆砚也是汉砚的一个品种，其绘画色彩绚丽，线条流畅，与东汉壁画一脉相承。

汉代陶砚制作得很精细，如汉十二

峰陶砚，此砚由细泥灰陶制作，造型奇特，砚高17厘米，直径约20厘米，呈不规则圆形。陶砚的两边和后面，耸立着12座山峰，内外两层排列，外层九峰，内层三峰，两层山峰之间为环形的砚池。砚面上窄下宽为倾斜簸箕形，砚底微凸，下面有三足，做宽扁形，足面刻出深阔的横纹，形如叠石，与竖纹的山峰相区别。十二峰都呈尖锥状，内三峰石壁有不同的雕塑，内中峰由多座石峰构成，立于砚首正中，峰下石壁雕出一张口的龙首，口中有一小孔，与峰后的扁形水滴相通，水滴之水由龙口滴于砚面，方便研墨，左右两峰分居砚两侧，两峰下部各雕塑一负石巨人，巨人相貌雄壮，身上肌肉突起，两腿踞立，双手扶膝，背负山峰，做低首发力欲将山峰驮起之状，雕刻精细，风格古朴，形象生动，堪称稀世珍品。

汉盘龙三足石砚，圆形，直径32.3厘米，通高12.8厘米。砚座石质呈棕褐色，座底下弧，光亮平滑，雕刻三熊足。熊两耳直立，瞪目张口，两爪按膝，做奋力承托状，三足之间以阴线刻成波浪纹饰。砚底正中圆心图案，圆心中阴刻"五铢"二字。砚平面中心稍凹，砚面与砚盖结合处有子母扣，扣合处阴刻一周文字，为"延熹三年七月壬辰朔七日丁酉。君高迁刺使、二千石、三公九卿。君寿如金石，寿考为期，永典启之，砚直二千"42字，字体虽为铸刻，亦不失隶风。砚盖石质呈蓝黑色，细腻坚硬，镂孔透雕六条相互攀缠的飞龙。以阴线雕刻技法在龙身施以鳞甲，龙翼饰以毛羽，龙足饰以爪趾。又在六龙周围刻出滚浪水纹，使六条龙如同破水而出，气势磅礴。六龙首戏一珠，巧妙地组成盖钮，钮正中刻一"君"字。石砚采用高浮雕、浅浮雕、立体雕、阴刻、阳刻、镂孔透雕等各种雕刻技法，显示了精湛的雕刻技艺和独特的艺术构思，在全国范围内也是绝无仅有的，堪称国宝。

魏晋南北朝时期，青瓷制砚比较流行，形状多为圆形三蹄足，而后发展到五至六足。此时出现了一些带雕刻的方形石砚。

十二峰陶砚

青花五子登科纹瓷砚

瓷砚5方（其中1方附砚盖）

唐代是制砚的重要发展时期，出现了端石、歙石两大专用砚材，同时还出现了青州红丝石砚和澄泥砚。除此之外，还有三彩砚、瓷砚等。唐代砚多以无纹饰的箕形砚为主，砚底一端落地，一端以足支撑。唐代瓷砚的变化明显，墨堂中间部分高，四周低凹形成墨池，砚足由三足发展成多足，称作"辟雍砚"。从整体造型上看，唐砚是以实用为主，不注重在纹饰上下功夫。

宋代制砚较唐代更有进步，澄泥砚的制作日渐精巧，甘肃洮河石砚的制造，使中国"四大名砚"已成定局。宋砚形制以长方形抄手砚为主。砚面多有仿制龙凤、鹦鹉等图案。同时，还流行一种天然的不加雕琢的随形砚。

明清时期制砚技术达到了高峰，并朝着艺术的高度发展。砚台的制作不仅造型优美，雕刻精细富丽，而且在砚台上镌诗题铭大为盛行，使砚台已超出文具使用的范畴，而成为供人玩赏的艺术品，所以出现了用水晶、翡翠、玉石、漆砂、象牙等贵重材料来制作的砚台。

造型的时代特征，是鉴定古砚的重要依据，除此之外还要从其材质、做工、铭文、款识等方面进行全面观察，综合分析。

从材质上看，劣质者石质粗糙，坚滑而不受墨，发墨性能差。

从色泽上看，端石尚紫，歙石尚青黑，洮河石尚碧绿，红丝石尚紫红。

鉴别铭文、款识时，要与砚形相对照，看其铭文、款识是否符合砚形的时代。另外，还应该注意古砚必陈旧，给人以沉稳温润的感觉，而新砚则给人以清新光亮的感觉。

随形端砚

洮河石砚

随形端砚

84

乌金砚

燕畿的梅山产砚石，形状像乌金，也有金星，很适合于制砚，也很被人们看重。因为优质品数量很少，所以不甚出名。

灵岩石砚

江苏苏州灵岩蠖村出产品质极佳的石料，也适合制砚。其上等品有淡青、鳝鱼黄两种。目前上述砚石已被采完了，并没有新的出产，于是附近有人用其他石头制砚来欺骗世人。不过，仿品大多粗糙，并且不发墨，这是区分优劣的一个依据。

清代灵岩石砚

"兰亭修禊图"洮河绿石砚

开化石砚

浙江省衢州常山县的开化出产黑石，坚润且有点像歙石，用来制砚非常好。大的有3尺长，但多不发墨。

大沱石砚

湖北省秭归出产一种石头叫大沱石，青黑

蝉形三足歙砚

张廷济铭东井图天然绿端砚

色，纹理略微有点粗，颇能发墨。秭归人称江水为沱，沱石即江水中的石头。当地人用沱石做砚，外地人大多不知道此石。

沅州石砚

湖南省芷江出产一种深黑色石头，质地粗糙，有的有小眼，工匠会把它制作成像犀牛、龟鱼、八角等式样的砚，端溪的商贩常将其买回后改刻成端石式样，称为黑端，卖给过往的士商官宦。

漆溪石砚

产于湖南常德、辰州之间，石的表面为淡青色，内部色深紫而带红。那些有金线及黄脉相间的称为"紫袍金带"。有的极细润，用久了就光亮如镜。今天有人用药料仿制此砚，仔细察看，有拆痕可辨。

漆溪石砚

洮石砚

出自湖南长沙，绿色，又叫绿石砚，虽然细润，但不受墨。

紫金石砚

出自山东省青州，纹理较粗，也不发墨。

红丝砚

山东益都县出产的红丝石可以做砚，颇能发墨。石质赤黄，有红纹，就像刷丝萦映在石面上，所以名叫红丝砚。苏易简《砚谱》有云："天下之砚四十余品。以青州红石为第一。"

箕形红丝石砚

角石砚

山西绛州产角石，颜色像白牛角，其纹有花浪，与牛角差不多，有的像浮屠佛塔，石顽滑不发墨，世人只用其来研丹。

绿石砚

产于甘肃临洮的洮河，石的颜色绿如蓝，质润如玉。发墨比得上端溪下岩石，只是石头在大河的深水中，不易开采到。

洮河石砚

雪云洮河石砚

金星石砚

海南琼州、万州的悬崖出产金星石，可以做砚。此石颜色像漆一样黑，细润如玉，用水打湿则现出金星，水干则不见金星。极能发墨，久用仍有墨汁，颇似端、歙砚，非常贵重。

菊花石砚

产于湖南，深灰色，上有白色菊花形，所以被称为菊花石砚，但质滑不易发墨。菊花石为中生代三叠系中特产动物的化石壳，卷成螺旋形，面有褶曲，但在开采砚石时横断开，所以多呈菊花形。

易州石砚

产于河北易州，石头光滑似端石，但是质地很软，研墨容易落末。有带眼的砚石，分黄、黑两种，黄的用来研朱砂，黑的多被冒充端石来骗人。小摊上所出售的石砚，多为此物，常常满涂墨痕来仿造为旧器，其实都是新制品。

漆沙砚

清叶名沣在《桥西杂记》中写道，漆沙砚以清代扬州卢葵生家制作的最为精美。卢葵生的先祖卢映之曾得到一只砚，上有"宋宣和内府制"六字，质地类似澄泥但是重量很轻，入水不沉，后来才知道是由漆沙制成的。葵生请工匠仿造并从此流传于世，一时之间很多人生产漆沙砚，连文房中的很多用品都用漆沙制作。

此外还有紫金石砚，产于吉州。黄金砚、金雀砚产于缁州。熟钱砚、石末砚产于青州。磁洞砚、悬崖金星砚产于万州。鲁水砚产于南平市。乐石砚产于宿州。鳖矶岛石砚出自登州。

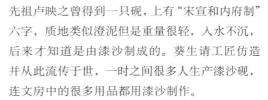

漆沙木葫芦形砚

菊花石祥云龙纹砚

以前曾经使用而现在不常见的砚则有通远军浈石砚、西都会圣宫砚、青州青石砚、成州栗亭石砚、潭州谷山砚、成州栗玉砚、归州绿石砚、夔黔州石砚、庐山青石砚、苏州褐黄石砚、建溪黯淡石砚、陶砚、吕砚、淄州砚、高丽碑青州蕴玉石砚、红丝石砚、虢州砚、信州水晶砚、蔡州白砚等数十种。文人随意命名的砚或各地方用劣石制的砚，为数更多，不胜枚举。

漆沙砚

箕形红丝石砚

箕形红丝石砚

（二）砚的式样及名称

古人得到一块优质石头后一定会请来手艺精良的工匠，根据石头的形状、尺寸大小、纹理的疏密、石眼的高低来制作砚。砚的式样一定要精美，名称一定要典雅，用语要吉祥，内含祷颂之意。名称与样式要相符，样式与石质要协调，这样才能制成石砚中的精品。所以制砚前，要先确定好式样和名称后才能开始动手制作。因此，有砚即有名，如果是无名之砚，可以知道它一定不名贵。古人给砚起名是要费一番心思的，所以取出来的名字一定颇具匠心，它们和砚的形状样式相一致。没有改变砚石原来的形状而造成的砚称为"天砚"。如果加以刻制，则根据改成后的式样取名。如石为圆形，则起名为"大圆覆寿"；长方形，则名为"端方正直"；四方形，则名为"井田"；如刻有山川、草木、

日月、风云、鸟兽、虫鱼等，则以图形命名。

砚常见的名称有天保九如、凤舞蛟腾、海屋添筹、五岳朝天、龙马负图、太平有象、景星庆云、寿山福海、海天旭日、献生瓜瓞、龙吟虎啸、福自天来、花中君子、龙飞凤舞、三阳开泰、松寿万年、丹凤朝阳等。如果以字体形式或器物形象命名，有垂裙风字、平底风字、有脚风字、古样风字、琴足风字；或称风池、四直、古样四直、双锦四直、合欢四直、箕样、斧样、瓢样、瓜样、人面、莲、荷叶、仙桃、钟样、卵样、笋样、圭样、璧样、鼎样、玉台、龟样、梭样、琴样、琵琶样、鏊样、双鱼样、团样、八棱、角柄秉样、竹节秉样、砚砖、砚板、房相样、月样、腰鼓、马蹄、月池、蓬莱样等。主要都是象征命名，人们能见到的物象都可拿来命名。

白玉雕鹅形砚

七十三柱眼抄手端石砚

三、砚的收藏与鉴别

（一）砚的收藏

砚本来是研墨用具，但石砚中的佳品越好越不忍用来研墨，所以越好的砚与其实际用途越背离。而士大夫仍然对砚中的精品孜孜以求，是为了研墨吗？不是。文人把名砚看得很珍贵还情有可原，可是目不识丁，终身不握笔管之人也看重名砚，是为了研墨吗？当然不是。这种情况固然是由于文人的痴行与一般人的盲从造成的，同时更是因为石质的佳妙能引人入胜。历代重视砚的人很多，如"百砚阁""万砚楼"之类的斋名也经常出现。

翰墨同缘瓦砚

端石雕山水纹长方砚

雕龙端砚

象牙鹅形砚洗

不过，名砚能在一家中世代相传的很少，多数情况是收藏砚的人去世了，收藏品也不知所踪。不过各朝帝王都重视名砚，所以历代宫廷内府都收藏有大量的名砚。这其中又数清朝宫廷藏砚最多。据《西清砚谱》记载：内廷藏砚总共有陶类的55种，如汉代的未央、铜雀、石渠，唐代的六螭、八棱，宋代的虎符、石函、蠵黻、壁水列钱，元代的澄泉、结翠，明代的卷花、伏犀等，这些都是最著名的砚。石类有140余种，如晋代王廙的壁江，唐代褚遂良的端溪，宋代宣和的雕龙、洗象、海珠、风字、八卦、十二辰，苏东坡的东井从星，米芾的迷岫奇峰、螽斯瓜瓞，薛绍彭的兰亭，杨时的金星，陆游的素心，文天祥的玉带生，赵孟頫的松花，黄公望的癭庵，文徵明的绿玉，董其昌的画禅室，林春泽的人瑞，杨明时的蝌蚪等。历代名砚基本上都收集全了。

（二）砚的价值

苏易简《砚谱》记载："圆石青紫色者，琢而为砚，可值千金。"圆石即子石，是端石的精华，价值最高。出产端石的石坑虽然很多，但是所出端石大致分为三类，即岩石、西坑石、后坑石。石头为紫色，湿润，有青绿圆小鸲鹆眼的是岩石类，价格最贵。红色，呵气时颜色湿润，紫纹漫而大，也有鸲鹆眼的是西坑石，价格要低一些。青紫色的，在明亮处侧视有碎星光点，像砂中云母，不很湿润的则是后坑石，价格最低。其价值是以西坑石三块当岩石一块，后坑石三块当西坑石一块。这种标准很合理，

三足鼎立端砚

云龙纹铭文端砚

琴囊形端砚

从来没有大的变化，即使到了今天，端石的市场行情仍然以这个为标准。

所有古玩，它的价值都与其年代成正比。年代越久越贵，从古至今，所有文物都是这样。但有一个例外，就是砚的价格。唐、宋时，价值千金的名砚比比皆是，甚至价值万金、数万金一方的砚也常有。元、明时期，砚的价值逐渐上升，直至清末，砚价也仍然保持了前代的水平。到清末，朝廷实行变法维新，西学东渐，不用毛笔的人也可以在社会上占据重要的地位，于是文房四宝失去了它固有的重要地位，古砚的价格也就越来越低。

红丝石大砚板

（三）砚的仿制

砚石中歙、端品质最好，其余种类虽多但是都不值钱，所以无人仿制。而歙砚在宋代时就已经绝迹，现有的佳砚多是指端石砚。所以这里所说的仿制品是指仿制端砚。端砚的仿制从宋代就已经开始了，原因是宋时的端砚不只作为贡品进贡朝廷，民间人士也争相收藏，端溪岩石不够用，当地居民就到别处采石，运到端溪，制作为砚，欺骗外人。这种砚多不发墨，用来研墨虽不适用，但纹理奇特，看上去很美观，作为赏玩品足以欺世。宋代的士大夫们收藏的大多数就是这种端砚。

类似端石的有洁石，出自九溪、潦溪，表面为深青色，里层为深紫带红色，质地很细润，在冷水里磨墨则不松快，砚面越用越光，坚硬如镜面。偶尔有金线黄脉界行相间的砚，称为紫袍金带。宋高宗时朝戚里曾有人以此砚进御，未得到皇帝欢心，因此洁石砚未能显赫。其次还有辰沅州的墨石，深黑色，质地粗糙略微有小眼，黯然不清晰，不知道的人称其为黑端，其实与黑端相差很大。现在端溪当地人往往买来沅砚璞石，再刻作端溪式样，经常能卖很高的价格。如果是芷江当地人自己铭刻的砚，上面一般雕篆字或刻上荷花莲水波、犀牛、龟鱼、八角、六花等纹样，这些装饰虽然很美，但却无法掩盖砚石在质地上的瑕疵。

龙纹端砚

素面抄手端砚

浅浮雕山水图端砚

还有就是端溪附近的石头。端溪附近的黄岗村自宋代以来就以制造石砚为生。当地人经常拿端溪附近的石头来冒充端石，有时采到一些与端溪石脉纹理接近的石头，几乎可以乱真，存世的端砚，大概十之二三属于这类。当地人仿制以石眼为主，即移其他砚石的佳眼或染制佳眼嵌于仿制的砚上，用蜡涂抹，如果不挖取石眼来检验，就是精于鉴别的人也会被骗过去。福州人高固斋有诗云："石工欺汝只纤毫，翡翠朱砂总未高。鸲鹆眼多堪抵鹊，梅花坑好可磨刀。"从此诗可以看出仿制由来已久，并非从当下开始。除仿石眼外，仿制还有以刻面仿制或照着文献上记录的名砚式样仿作，或刻上名人的诗词及落款。砚石的仿制也就是这些了，其他也没有更好的方法了。至于用别的石头冒

仿古端砚

云鹤化石砚

绿玉斋六角博古砚

充端石，劣石冒充佳石，这属于卖假货而不是仿制了。

（四）砚的鉴别

砚石种类虽多，然而保存到今天最贵重的也只有端石。歙石的佳品已见不到了，其他的砚石就更难见到了。这里所说的鉴别也仅限于鉴别端砚。现将端砚的石品列出，弄明白所列石品，就可以辨其优劣了。

端砚质地优良的有青花、鱼脑冻、蕉叶白、天青、冰纹、火捺斑、马尾纹、胭脂晕、石眼等几种。现分述如下。

梅花随形端砚

蝉形青花端砚

雕"兰亭序"绿端砚

青花

　　最好的青花的特点是表面纹理微细如尘，隐隐浮出，或者像虮虱脚；粗点成片的就要差一些了。石质极细，才会有青花。青花是端石中的精华。（参照《广语》）

　　将砚放入水中，像是有萍藻浮动在其中的，称为青花。研墨时，如熬釜涂蜡一般，是砚中的精品。（参照《曝书亭集》）

　　青花如水波面上的微尘，看上去没有形状，只有装上水才可以看见。（参照《砚坑志》）

　　青花精细的比粗糙的好，滋润的比干枯的好，沉蕴的比显露的好，散晕的比板结的好，混浊的比不联结的好（不联结即纹饰不和谐或者含有浅红点或白点，这些都是青花的不足之处）。像在镜子上蒙了一层薄膜，像在湿纸上涂了一层浓墨，这种砚石就是绝品。（参照《砚石》）

　　青花以微尘为上品，鹅绒居第二，像蚂蚁足（也叫苍蝇脚）似的第三，鹅绒结的第四（大的如手指，小的如豆子，鹅绒堆聚的外边有黑绿色或胭脂绿色晕环。《砚辨》称其为青花结，清乾隆以前所开凿的大西洞有不少，现在少见）。玫瑰紫第五（大的如豆子，小的如花椒子，外边有胭脂晕环。只有大西洞出产）。蝇头第六（每块石上有二三点或十多点，石工也称它为青花结）。大点小点相杂的较好（《砚辨》称为子母青花）。黑点成片成行，干枯粗糙的都不值钱。（参照宝砚堂《砚辨》）

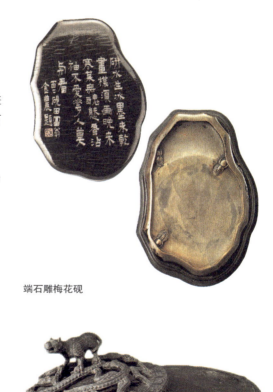

端石雕梅花砚

冯异龙背飞虎青石砚

鱼脑冻

像一种生动之气纠结积聚在一起，像明澈的潭水中的映月一样，这就叫鱼脑冻。错落疏散的叫碎冻。（参照宝砚堂《砚辨》）

冻，指像凝结在水中的脂肪，像蓝天上飘浮的白云，风一吹就会散去；像松散的棉絮，一碰它就会飞起来。这是砚中的极品，只开采于大西洞。洁白疏散的称为碎冻，也可算作精品。灰色、褐色的，是下品。（参照《砚史》）

螺蚌端砚

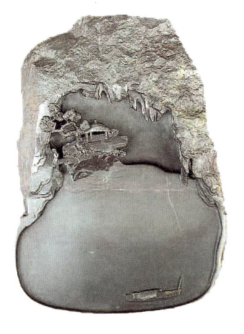

山行端砚

墨林山人白端砚

端石蕉叶白板式砚

蕉叶白

蕉叶白的颜色浑然一体，细嫩洁净如柔软的肌肤，好像凝结的脂肪，温润有光泽，沉稳质密。凝目注视，深沉的、隐隐约约的好像能看进石头里面。只有水石是这样，朝天岩虽然有蕉叶白，但颜色浅而且光外露。（参照《砚书》）

所谓火捺，是指石头最坚硬、血脉凝聚的地方，所以它的颜色红紫或者发黑。蕉叶白，是指石头最柔软的部分，是膏脂所凝聚的地方，所以它的颜色白，纯白如一片秋云，绵密如水面上的微尘，浸在水中才能看见，观察者必须仔细察看才能知道其中的妙处。这种石头采自深谷，是"水的凝结，云的化成"，像玉又不是玉，像冰又不是冰，它有水的气质，云的神韵，这种石头的质地就像是要融化但被冷冻成形，是端溪石中的精华。

蕉叶白，像新生的蕉叶刚刚展开，含露欲滴的是上等品；清素而洁净的要差一些；色黄而且焦枯的或色蓝而灰暗的最差。（参照《砚史》）

紫云心端砚

"松下问童子"端砚

天青

晶莹洁净无瑕疵，集众石之美，颜色较青的名叫天青，是大西洞中层的石头，也属精品。（参照吴绳年《端溪砚坑志》）

天青，像雨后初晴的天空，蔚蓝无际的是精品，阴暗而晦色的是次品。唐询《砚录》记载：有人在金陵翰林叶道卿住处看见一方砚，淡青色，像秋雨新霁，远远望去如傍晚的天空，表里莹洁，没有纹理，是砚石中的精品。此砚就是天青，出产自歙县。（参照《砚史》）

青花，石头中的精华，鱼脑冻、蕉叶白，石头中的精髓，天青，石头中的肉质。精华本身无质，必须附着在他质上才显著。附在天青石

上为上品，附在鱼脑冻、蕉叶白石头上的是精品，这些只出自大西洞。（参照《砚史》）

大西洞出产的以鱼脑冻带青花的为第一，第二是蕉叶白带青花的，第三是鱼脑冻、蕉叶白、天青石中无青花的。而冰纹石带青花的，概率只有千分之一二，可以称得上是绝品了。（参照《砚史》）

冰纹

大西洞第三层出产冰纹石，纹色洁白，像蛛网纵横密布，别的洞中没有。（参照《高要县志》）

改七香款精刻绿端砚

白色晕环，纵横交错，似有痕又无痕，细如蛛网、轻若藕丝的称为冰纹石，也叫冰纹冻。即使在大西洞也很少见。别的洞里的砚石是白纹如线，损坏笔毫尖，不是人们所崇尚的冰纹石。（参照《砚史》）

汪近圣制仿瓦当形歙砚

95

火捺斑

火捺又名"熨斗焦"，斜斑处像火烧过似的，当地人不认为这是石头的瑕疵。大概这里岩石上都有这种痕迹，别的地方的石头都没有这种痕迹。（参照宋《端溪砚谱》）

马尾纹

如马尾临风飘扬不定的，叫马尾火捺；或者像五铢钱，四轮边有光芒，颜色略淡而且浑晕的，称金钱火捺。这两种石品都很珍贵。如火烧漆器，或者坚硬又黑似铁的，称为铁捺，都对研墨有妨碍，为人所不取。（参照吴绳年《端溪砚坑志》）

鱼脑冻、蕉叶白之外，有细缕围着，丝丝如发的，称之为马尾纹（其纹理微带有青花。《砚辨》记载：像一串鹅绒）。

"神龙摆尾"端砚

百一眼端砚

胭脂晕

鱼脑冻，蕉叶白之外有紫气围绕，像彩霞一样鲜艳的，称为胭脂晕（石工称作"胭脂火捺"）。此系大西洞绝品，别的洞没有。

凡是鱼脑石、蕉白石，必然有火捺围着，尤其难以见到的是马尾纹。砚石有胭脂火捺的一定坚实，所以石工特别重视它。（参照《砚史》）

胭脂火捺板式砚

石眼

砚品中，人们都把端石看作珍品，并且记载在砚谱砚记之类的书中。不同的人有不同的标准，有的认为石上有眼的才是精品，有的认为石上无眼的才珍贵。但是石中有青色纹脉的必然有眼。石质柔嫩的眼就多，石头坚硬的就少眼，石质柔嫩的则细润发墨。所以，有眼无眼，不作为辨别石质好坏的标准。石眼分为鹦哥眼、鸲鹆眼、了哥眼、鸡翁眼、猫眼、绿豆眼等几种，根据其形似而命名。绿色、青绿色为上品，黄色、红色为下品。（参照《游宦纪闻》）

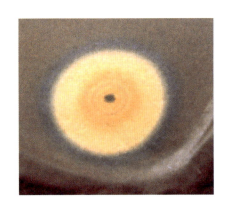

石眼

圆形晕环重叠，黄黑相间排列，黑色瞳孔在其中，晶莹可爱，称为活眼。眼周围湿汪汪的，不太鲜明，称为泪眼。形状像眼睛，内外皆白，却无光彩，称为死眼。活眼比泪眼好，泪眼比死眼好，死眼比无眼好。（参照李之彦《砚谱》）

施愚山《砚林拾遗》记载：李谱分辨活眼、泪眼、死眼非常精确，只是说死眼胜过无眼这句话错了，眼不活则混杂没有光彩，还不如无眼。（参照《砚史》）

浴凤端砚

云月端砚

端石中有眼的，最珍贵的应该是鸲鹆眼。石头纹理中的精品就像木头有节一样，今天不知道者反以为是石病，使人痛心。石眼之美，表现为青、绿、黄三色相重，最多的从外圈至中心共有八九重，都是圆形，有如描画而成。颜色鲜美，重数多而圆正的是精品。

石眼大的尤为少见，最大的有弹丸大小，有弹丸一半大小的则很普遍。小的只有麻石豆大小，有的分布排列在砚上，或像北斗、五星

或心房之类，其价值不下数万。石眼生在墨池之外的叫高眼，生在墨池内的就叫低眼。高眼尤其为人所爱，因为其不为墨所渍掩，常可显露在眼前。（参照唐询《砚录》）

高眼、低眼的论述甚为精彩，但砚心不应该有眼。制砚工人购石材，都要以石眼的大小、多少作为定价标准，如果石头无眼，虽资质很美，大块的也超不出千钱。工艺精湛的石工，每次得石用手叩之，就能知道其下有否石眼以及石眼有多少，然后画上记号令人磨琢，结果都如其所言。此话系传闻之误，不足为信。（参照《砚史》）

"春华秋实"端砚

龙凤纹端砚

端砚

随形端砚

老坑石头的石眼，外层有像淡墨一样的圆晕，石眼嵌在石中，圆如珠子。初磨石时可见淡墨圆晕，就是所说的眼皮；越磨越大，层次也越多，"睛"出现就表明石眼磨得适中；再磨则会将"睛"磨掉，越磨石眼越小，层数也越少。眼皮出现石眼就消失了；故宜在磨石眼处见"睛"而止。不宜在磨石眼处见眼皮而止，看见"睛"就别再磨了。（参照《砚史》）

佳石虽无眼仍可用作砚台，佳眼却不是好石就不可用作砚台，所以古人重视石的质地，不重视石头的纹理。（参照《砚坑述》）

石头如果有青色纹脉就必然有石眼，所以辨别石头老嫩以石眼为检验标准。但石眼藏在石中，切割时掌握好分寸就可以获得完整的石眼。有的石眼藏而未露，有的旁凿截去了石眼。一块好石只因不见石眼就认为其是劣石，不是太固执了吗？至于以石眼为石病则又是矫枉过正了，都失之于偏颇。（参照佟雅《汗漫吟》诗注）

以上是端石的优点。但是其疵点也不少，现在也将各种石疵介绍如下。

"山野夜色"端砚

二十九眼抄手端砚

有人说石贵有眼，有人说眼为石病，都无定论，其实砚石的珍贵之处主要还在于石质的精美。从整体岩石而言，灵秀之气集结而生成石眼。但石头被工匠分成小块后，长不过一尺，整修成砚台的形状后石头的精细或粗疏不一定都与眼相符。石眼本身也有优劣，石眼以有"睛"，绿色的珍贵，多层的珍贵，黄色石眼次之，干枯的石眼最差。石眼生在石中如珠子一样圆。琢砚的工人必须磨至一半才能看到石眼中的"睛"，过一半则"睛"就没有了。砚心不宜留眼，因为墨污不堪赏玩，而且磨墨日久，砚凹"睛"也就会消失。（参照《砚书》）

翡翠纹

凝固的绿色像洒在石上的菜汁，称之为翡翠。（参照《曝书亭集》）

翡翠分为重绿、浅绿两种，有的呈块状，有的呈斜纹状，但不妨碍研墨，只是不适合观赏。（参照《砚坑述》）

石头上的翡翠纹不成眼睛状的叫翡翠点，长条的是翡翠纹，都属同一筋脉。《宋谱》记载，端溪人把青脉称为眼筋。深绿、浅绿的石头还可以观赏，黄碧色的为下品。（参照《砚史》）

大西洞端砚

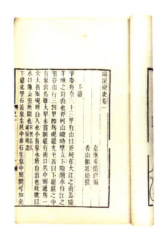

《端溪砚史》书影

"对弈图"端砚

巧作山水人物端砚

黄龙

灰黄色纹脉像龙蛇横斜着布满石上，叫黄龙。（参照宋《端溪砚谱》）

黄龙的纹脉气韵不直，像圆环一样，颜色有点焦涩，位于砚旁不碍事，如果纹脉位于砚心就是石病。（参照《砚书》）

老坑的大西洞没有黄龙纹石头，其余三个洞都有。黄龙是一种土气。石头坚硬的必然没有这种石病。（参照《砚史》）

玉带

白色纹脉凝在绿色石头上，显得纤而长的，称为玉带。（参照《曝书亭集》）

有白色筋大于金线约一倍的叫白间纹，微微夹有一缕嫩青色的叫青间纹，今天都称之为玉带。（参照宝砚堂《砚辨》）

《砚辨》记载大西洞无玉带石，是不对的。《高要县志》记载四洞都有玉带石。

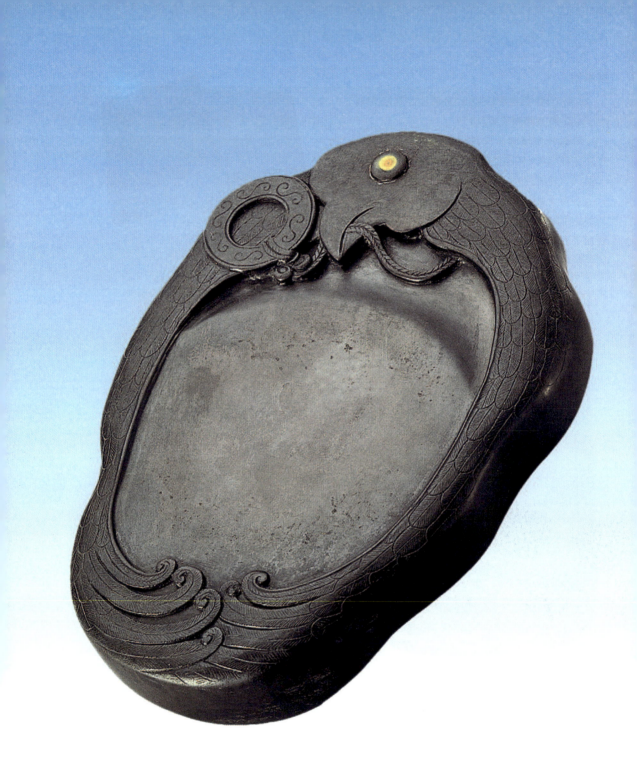

雕鹦鹉纹端砚

玉点

有白点，大如绿豆的叫石榴仁，今天称之为玉点。（参照宝砚堂《砚辨》）

《砚辨》记载大西洞无玉点，是不对的。《高要县志》记载四洞都有点石。

金线

脉理为黄色的称为金线纹。（参照苏易简《文房四友谱》）

石头上有金线，这正是石病，为端溪人所不用。（参照唐询《砚录》）

银线

银线、金线、水线三种，只有银线还算细密不损笔毫，其余两种都粗糙疏松，摸之有刺手的感觉。（参照宝砚堂《砚辨》）

铁线

铁线就是把石脂与石皮隔开的地方，如果在线上雕刻，则石头会从纹线的地方断开。（参照宋《端溪砚谱》）

素龙池端砚

水线

石上有硬裂纹的叫水线。（参照宝砚堂《砚辨》）

水线即宋代砚谱上所说的惊纹，据传是为斧、凿等工具震裂的，其实不全是那样。周氏《砚坑志》记载：有白色痕迹一线，叫水线，很容易受墨，容易被误认为是银线。

麻雀斑

石头上有点墨斑的，称为麻雀斑。（参照《曝书亭集》）

点稍长且成行较密的，称为松皮纹，与麻雀斑一样都为石疵。

荷叶形端砚

寿桃云纹砚

猪鬃眼

凡是石上有猪鬃眼的，都不是佳品。有猪鬃眼的石头容易落墨，无论使用多久都不光滑。（参照《砚坑志》）

猪鬃眼如同拔去猪鬃后留下的毛孔，石头纹理不够凝重板结，故有此种毛病。

油涎光

西洞的石头都分为四层。第一层叫天花板，颜色为紫色和红色，大多含有斑钉。第四层叫底板，青黑色，含有较多筋纹，有的净洁无疵，面作油涎光。（参照《端溪砚谱记》）

油涎光如油在水面，石质坚滑不受墨，老坑中的石头的主要毛病就是这个。

巧雕松鹤延年端砚

端砚

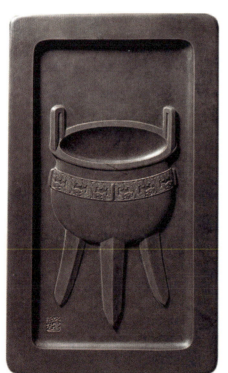

陈端友制钟鼎图端砚

五彩钉

大西洞有白色石质的五彩钉和绿色石质的五彩钉。石钉很坚硬，刻刀也划不破它。杂坑没有五彩钉，当时的人以此来辨别石材是否是真品，但它们都是石头的疵病。正洞有绿色石质五彩钉、朱砂质五彩钉，小西洞只有朱砂质五彩钉，东洞没有。（参照宝砚堂《砚辨》）

大西洞五彩钉宝光闪烁，与其他洞完全不同。但石工往往把别的石头嵌置在正宗端石上，用以欺骗人，这是需要辨别的。

《高要县志》记载大西洞、小西洞有五彩钉，东洞无，与《砚辨》的说法不同。

"撑船"端砚

"绝句"端砚

石色以白色最好，青色次之，紫色又次之。灰色、灰白色、黄褐色的是劣质品。石色像云一样生动，水一样润泽的，是色中的上品。像陈腐泥土，如枯槁木头，一点生气也没有的，是色中的下品。如果缺乏生气，即使是白色与青色也算不上珍贵。（参照《砚史》）

砚石的声音也很重要，端溪上岩新、旧坑都是灰紫色而且粗糙，叩之发出"当当"的声音，磨墨时如锯木头声，用久后如镜面，不能再用。不过，旧坑石质要比新坑好。（参照《洞天清录》）

朱砂钉

石上朱砂斑鲜艳光彩，不妨碍研墨，也对笔毫无害。（参照《砚坑志》）

朱砂钉会阻碍刀刃的切割，四个洞都出产，大西洞的朱砂钉尤其明亮润泽。

砂钉

石上的砂钉大如指头，像钉子一样坚硬。这种砂钉没有颜色可以用来命名，所以就只好称为砂钉。（参照《砚坑述》）

虫蛀

表面如虫啮一般，称为虫蛀。（宋谱称之为钻，参照《广语》）

如何鉴别五色，这里面也是有学问的。石的性质以温润为佳，石头颜色以青、紫两色最珍贵，石质干燥则呈灰色或灰白色，温润则呈青紫色。若石性枯燥且呈黄褐色的，质地都不好。（参照宋《端溪砚谱》）

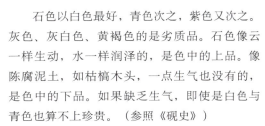

"灵猴捧桃"端砚

周于礼竹笋端砚

第五章　印　章

印章，作为一种具有民族历史文化特色的艺术门类，犹如一朵奇葩，在博大精深的中华艺苑里连绵不断地散发出独特的芬芳，吸引着人们进入这方寸世界。当我们凝神静气，细细品味、

碧玉龟钮印章

石雕双狮印章

白玉兽钮方印章

青白玉方印章

欣赏前人留下的艺术珍品并为之发出阵阵赞叹时，我们还可以获得与其相关的历史文化知识。这种乐趣、这种雅兴、这种欣慰、这种兴奋，往往是很难用语言来表达的。

一、印章的源流

（一）印章的出现

在我国金石界，一直流传着"文人以石制印始于元朝书法家赵孟𫖯"的说法。但近年来在内蒙古自治区赤峰市出土的辽代文物证明，我国石刻印章的出现应早于元朝。

赤峰市考古工作者以前从辽上京（今巴林左旗）汉城遗址发现了两枚巴林石刻制的契丹字印章，一枚是契丹大字，另一枚是契丹汉字。

巴林石协会通过对巴林石使用历史的研究发现，辽代是巴林石文化鼎盛时期，文人以石制印十分普遍。近年来的考古成果证明，用巴林石刻制的辽代印章在赤峰市巴林左旗、巴林右旗、敖汉旗、宁城县等地均有发现。

据有关专家介绍，这些印章印面极具文化品位，是远在辽代即以巴林石制印的有力实物佐证。如果以此来考证石刻印章出现的年代，那么石刻印章的出现至少要比赵孟𫖯所生活的元代早 150 年。

（二）印章的发展

早期的玺印出现于商周之际，其功用与器物的制作及铭记有关。"印"字古释表示为"信用"的意思。可见印章的产生和使用是出于信用在政治经济生活中的作用增强的缘故。它也必将随着社会经济文化的发展而不断发展。

秦代以前的印章统称玺，俗称古玺。秦始皇立国，限皇帝印用"玺"字，臣民的印只能用"印"字。汉承秦制，一般官印、私印均用"印"字，而将军印则常用"章"字，俗称将军章。有时由于军情紧急，仓促封赐，草草凿成叫凿印，后人称之为"急就章"。唐代武则天即位，嫌"玺"字音与"死"字相近，很不吉利，帝王印就改用"宝"字，而民间又出现"朱记"等称谓。

碧玉印章

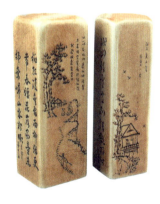

寿山石狮纹印章（2方）

宋代、元代以后，对印章的称谓和用字就更加丰富多样了，如关防、押字、符、契、记、印信、图书等不一而足。这些官、私印章完全是在实用的基础上发展的。虽然其中有些玺印具有很高的艺术欣赏价值，但仍然脱离不了实用制品的属性。

清代中后期，篆刻家的队伍不断扩大，师承关系越来越复杂，考古学、文字学、碑版学的发达以及出土文物的增加给篆刻艺术提供了丰富的营养，加上现代物质文明迅速发展，文化艺术与经济生活关系进一步密切，沿海省市已成为艺术活动频繁的热点，篆刻活动再难以用地域群体分派别，只以杰出人物为代表来划

分流派，如邓石如擅长元朱文，婉转飞动，极有气势，影响深远，人称邓派；吴攘之以汉白文见长，飘逸自然，富于笔意；徐三庚章法夸张，疏密跌宕，妩媚柔美，有人比拟为"吴带当风"。

特别引人注目的是有清晚期三大家之称的赵之谦、吴昌硕、黄牧甫。赵之谦博学广采，他把篆刻取法的范围扩大到钱币、诏版、砖瓦、北魏造像等，故他的印作多姿多彩，新意迭出，对后世的影响极大。吴昌硕也是一位多才多艺的大师，诗、书、画、印样样精绝，尤其以雄浑拙朴的石鼓文笔意入书、入画、入印，艺术风格大气磅礴而名重一时，扬名海内外。黄牧甫印风秀美，反对残损，力求光鲜纯洁的效果，他拟汉印劲挺平整而绝无板涩，拟古玺布局奇巧，妙趣横生，艺术魅力无穷。至于近现代篆刻名家更是数不胜数，如北有齐白石，南有赵古泥、易熹、赵叔儒、王福庵、邓散木、来楚生、陈巨来、沙孟海等，都各有成就，在篆刻史上均占有一席之地。

王褆篆刻印章（11方）

二、印章述要

印章的名称繁多，有玺、宝、印、章、图章、图书、图记、钤记、钤印、记、戳记、戳或戳子等 10 多种。虽然名称不同，但指的都是同一种东西。

清代时皇帝用的印称玺，也称宝；亲王以上王公的印称宝，郡王以下官员的印叫印；职位低的官员的印称钤记、图记；钦差的印称关防；私人的印称图章、私印、小印等。它们各

"山阳尉丞"铜印

太上皇帝印玺

有规定的式样，相互间有所区别。印章在今天的叫法依然很混乱，但仍以称印或章最普遍。

印章出现的年代很早，传说黄帝得到的龙图中就有玺，汤灭夏后，把获得的玺放置在座位右边，说明当时已有玺印了。此后各代相传，直到现在，大体上没有多大变化。

印章有方形、圆形、长方形、椭圆形等数种形状，但方形最多。印章上刻的文字字体则多种多样，有符书文、云头文、鸟脚文、鸟篆文、龙文、缪书文、悬针文、鱼文、急就文、偃波文、刻文、填书文、雕虫文、虫文、蝌蚪文、鹄头文、钟鼎文、隶书、大小篆文、草书、分书、楷书等数十种。最常见的印文有：大白文，汉印上

翠狮钮长方印章

多是这种文字；细白文，由明代人创制；方朱文，历代都有印章使用，但以明代后期最为工整；切玉文，也是明人所创；满白文，汉代印章上就有了；满红文，是汉代以后所创。至于缪篆、九叠文、烂铜文、锈铁文等，也是历代所创，但世人不再使用。

康熙御笔之宝

犀角雕瑞兽钮椭圆印章

印文所用的字各代不同。秦、汉用红文，宋、元以后才改用朱文，大印的边也逐渐变得宽阔。私印的字通常只有姓名几个字，有的加上"印""私信""私印"等字样，为和官印区别，一般不用"章"字。今天的人们不知道这些区别，反而大多使用"章"字。汉、魏、南北朝时期，私印都用姓名，也有刻上表字的，但一定是刻上姓而不用"印"字。宋、元以来才单刻表字而不刻姓，因为印是用来取信于人的，古人重名不重字，所以不加"印"字。后来有人在表字下加上"氏"字，这是效仿汉代人，汉代印章上有在姓名下加"父"字或"甫"字的。

古人有刻"臣"字的印，是用在上书皇帝的奏章上的。如果是报告或启示，用"白笺"印，盖在书简上。"白记"是用作私人信用的凭证。宋、元以后逐渐有了刊别号的印，从宋代开始，刻斋、堂、馆、阁名的印开始流行。古人的闲章经常用"日利出入""大利出入""大吉子孙""子孙世昌""子子孙孙"等语句，宋、元以后开始用诗句，如"贤者而后乐此"等。地名印始于宋代，今天还有人使用地名印，这都是宋代人遗留下来的习惯。

白玉龙钮花押

印章4枚

（一）印章的材料

古代的印章质地和今天的也有所不同。夏、商、周三代时的印大都是玉质的，秦、汉以来开始铸铜印，以后各代印章的原材料越来越多样，金银、象牙、宝石、玛瑙、翡翠、水晶、磁砂、珊瑚、琥珀、蜜蜡、黄杨、竹根、角骨等都有人用来制印。只是这些材料都有弊端，每一种都不能尽善尽美。

明初画家王冕用花乳石制作印章，得到文人的认可，从此人们都开始用石头制作印章。现在常用的石头有三种，即寿山石、青田石、昌化石。

寿山石

寿山石产于福建福州寿山五花坑，所以称为寿山石。这种石头各种颜色都有。最先人们崇尚艾绿色，后来各种颜色都被人们所推崇。宋代时就有人开采寿山石，用它来制作赏玩用具。

寿山石印章

后来官府认为开采寿山石给当地人民增加负担，就将石坑填封，以后几百年都无人再注意到它。清康熙年间，福建人陈日浴发现寿山石很适合制作印章，于是重新采取，竭力开发，寿山石又开始出世。后来耿精忠在福建时，大肆开采，上等寿山石很快就被开采完了。以后虽仍继续开采，但质地都不如以前，所以人们都把过去开采的精品作为珍贵之物来收藏。

黄寿山石雕托塔罗汉

羊脂白玉螭龙钮印材

寿山石根据产地不同分为三种，即山坑、水坑、田坑。山坑就是五花坑，是寿山石石质中最好的，也是最初的开采地。山坑中上等的石料被采尽后，人们就在附近的山溪、涧水中采挖，找到的石头又比山坑现存的石头好。山溪、涧水中的水坑里的好石头被采完后，人们又在五花坑附近的田野中盲目寻找，结果找到了与山坑、水坑相连的石脉，发现了新的石质，这种石质精美绝伦，这就是著名的田黄、田白。山坑、水坑所产的寿山石各种颜色都有，石头的名称就是根据它的颜色来定。白的就叫白寿山，黄的就叫黄寿山，黑的就叫黑寿山，各种颜色都有的称花寿山。田黄、田白价格超过黄金，产量非常少。其他山坑、水坑出产的寿山石极多，所以市面上出售的石章以寿山石最多。

青田石印章

寿山印章（1组4件）

青田石

青田石产于浙江青田县，所以称为青田石。《青田县志》记载："青田县南十余里，有山产石。附近居民多采取以售于图章店。"因多年来伐山石，开采地点便被挖成洞，俗名图书洞。从明代开始，这里就有人开采，清代时已被开采完，后来人们便在附近各处寻找，有时也能找到好的石料，只是产地范围很小，所以产量不大。青田石最好的可以与玉相比，柔而栗，刻印最适宜。有一种被称为青田冻的石头，结晶微微透明，很受制印的人推崇。

昌化石

浙江昌化县出产一种石头，上面的红点像朱砂。有一种颜色青紫如玳瑁的石头，很令人喜爱，今天已很难见到。质地红如鸡血而微微透明的昌化石是最好的，俗称为鸡血石，无红之石称为昌化石。

青田狮钮印

（二）印章的种类

印章种类繁多，大致可以分为官印和私印两类。

官印：顾名思义，官方所用之印章。历代官印各有制度，不仅名称不同，形状、大小、印文、钮式也各有差异。印章由皇家颁发，代表权力，以区别官阶和显示爵秩。官印一般比私印大，谨严稳重，多四方形，有鼻钮。

私印：除官印以外的印章均称私印。私印制作复杂，可以从字义、文字安排、制作方法、治印材料以及构成形式上分成各种类别。

从字义上可分为以下几类。

姓名字号印：印纹刻的是个人的姓名，表字

昌化鸡血石方章料

或号。汉人名多一字，其三字印，无"印"字者即字印。字印自唐宋后始以朱文二字为正格，也有于姓下加"氏"字的。现代人也有刻笔名的，也属此类。

斋馆印：古人常常为自己的居室、书斋命名，并常因之制成印章。如唐李泌有"端居室"一印，约为此类印章的最早者。

书简印：印文在姓名后加"启事""白事""言事"者。今人有"再拜""谨封""顿首"者。此种印专用于书信往来。

铜鎏金兽钮"珍妃之印"

鸡血石印章料（3件）

收藏鉴赏印：此种印多用于钤盖书画文物之用。它兴于唐而盛于宋。唐太宗有"贞观"，玄宗有"开元"，宋徽宗有"宣和"，皆用于御藏书画。收藏类印章多加"收藏""珍藏""藏书""藏画""珍玩""密玩""图书"等字样。鉴赏类印章多加"鉴赏""珍赏""清赏""心赏""过目""眼福"等字样。校订类印章多加"校订""考定""审定""鉴定"等字样。

吉语印：印文刻的是吉祥的语言。如汉印中常见的"大利""日利""大幸""长乐""长幸""长富""宜子孙""长康寿""永安宁""日入千石""日利千万"等，皆属此类。秦代小玺有作"疢疾除，永康休，万寿宁"字样者。也有在姓名上下附加吉

傅抱石印章

语者，多见于汉代的两面印中。

成语印：属于闲章之类。印文刻以成语、诗词，或佛道用语，一般钤盖在书画上。成语印盛行于宋元，传贾似道有"贤者而后乐此"，文嘉有"肇锡余以嘉名"，文彭有"窃比于我老彭"，皆《离骚》中语，令人忍俊不禁。成语入印是从秦汉吉语印演变而来的，虽然是一时游戏，然当求其隽永笃雅，不能信手臆造。

肖形印：也称"象形印""图案印"，是刻有图案的印章的统称。古代的肖形印，取材多样，有龙、凤、虎、犬、马、鱼、鸟等，以古朴取胜。肖形印多白文，有的纯图画，有的加有文字，汉印中多有于姓名四周附以龙虎或"四灵"（青龙、白虎、朱雀、玄武）。

王禔篆刻寿山印章

青铜印（5方）

署押印：也称"花押印"，是用雕刻花写姓名的所签之押，使人不易模仿，因此用来作为取信的凭记。这种印信，始于宋代，一般没有外框。元代盛行的多为长方形，一般上刻姓氏，下刻八思巴文或花押，又称"元押""元戳"。

从文字安排上可分为：白文印、朱文印、朱白相间印、回文印。

从制作方法上分有：铸印、凿印、琢印、喷印。

从治印材料上可分为：金印、玉印、银印、铜印、铁印、象牙印、犀角印、水晶印、石印等，今人尚有木质印、塑料印、有机玻璃印等。

从构成形式上可分为：一面印、二面印、六面印、子母印、套印。

田黄石兽钮方章

青白玉方印章

犀角雕龙印章

黄牧甫印章（1 对）

三、印章的收藏与鉴别

（一）印章的仿制

一般印章的仿制者都专门仿制寿山石、青田石和昌化石。但普通的寿山石，因价值不高，即使是真迹也值不了多少钱，所以仿制者也不屑于仿制。寿山石中的上品如田黄、田白，价值超过黄金，产量也很少，所以仿制者认为有利可图，仿制者就很多。仿制的方法是：从普通寿山石中的黄寿山、白寿山中挑出精品，放在杏干水中煮，24 小时之后取出，在热度还没有完全退时，再靠近烈火烤，烤热到一定程度后，马上用藤擦，稍冷后又烤，又擦，反复如此，直到黄色进入石内，这样田黄也就仿制出来了。仿制田白石和以上的过程相同，只不过是用漂白粉擦烤热的寿山石，反复如此之后，石呈白色，宣告大功告成。田白石中，有一种叫"灯光冻"，石色微黄，其质坚密，是青田石中的最上品，价等黄金。另外还有"白果冻""紫檀""松皮冻"等，这些石材治印最能表达笔情墨意，被人视为珍宝，但不容易仿制。昌化石中，最好的是鸡血石，石质红如鸡血又微微透明，因为价值较高，所以仿制者想尽一切办法仿制，有的用火漆焊，以添制鸡血色为目的，有的用朱砂浸染，有的用杏干水煮后，抹以红颜色，但很难达到真品的效果，所以仿制者较少。

寿山石印章

（二）印章的鉴别

印章的质料前面已有所介绍，虽然种类众多，但其优劣人们大多已有所了解，不需要多做解释。比如金质印章，是否是纯金的，金的成分如何，人们都知道。但石质印章就不同了，好的印石甚至比黄金还值钱，而劣质的则一文不值，而且优劣很难弄清，没有经验的人无法鉴别。

好的寿山石特点是润而温，颜色以纯正为上等。田黄以鸡油黄为最好，看起来像蛋黄一样嫩。田白以白得像白玉的为最好。

青田石以冻石最好，若不是冻石，则与普

田黄石印章

黄冻兽钮方章

通石头差不多。这种石头以质地温润的最好，颜色则以浅豆青色最佳。

　　昌化石中红色的最好，而且越红越好，但必须注意质地。冻石是其中的上品，但还要看是否有钉，没有钉才是最好的。红色鲜艳成大片、冻石质地、无钉的昌化石在今天也是无价之宝，但如果少了其中的一条，其价值就会大打折扣。

田白雕罗汉长方章

白玉龙钮印章

（三）印章的价值

　　要评估印章的价值高低，大致可从六个方面着手：一是看使用者。无论是官印还是私印，凡是名人使用过的或由名家镌刻的，都十分珍贵。官印是古代官爵等级的象征，存世稀少，价格昂贵，在民间很难觅到。私印则较为易见，但其中也不乏珍稀之物。二是看年代。在材质、工艺相同的情况下，年代越久的印章，收藏价值越高。同时，印章存世量的多少也决定着印章价值的高低。三是看品相。印章很讲究品相，要求字图清晰，边饰无损，有残缺的印章在价值上会大打折扣。此外，传世印章的价值一般高于出土印章的价值。四是看材质。印章所选用的材料多种多样，比较珍贵的有金、玛瑙、玉石、象牙、犀角等材料，其次是铜、铁、竹木等材料。五是看印钮工艺。印钮工艺精细的印章自然比印钮工艺粗糙的印章价值高。六是看用途。印章按内容可分为姓名章、成语章、年号章、收藏章、斋馆章、谜语章等。一般来说，收藏章、斋馆章、谜语章多为名家所拥有，具有专门用途，价值一般高于其他印章。

　　各种印章除石质外基本都是以原物的价值为衡量标准。只有石质印章不是，纯粹是视其成色而分高下。普通的寿山石仅值数元。田黄石则自出世以来售价就比黄金贵。青田石以有冻的为贵，而那种鸡血红色大块，冻子地无钉的昌化石也较贵。

白玉鸠钮印章

114

第六章　其他文房器物

一、笔格、笔筒等

笔、墨、纸、砚，为旧时的文房四宝，以前为文人的必需品，其优、劣、美、恶人人都知道。自从欧洲人发明的近代文具传到中国以后，将原有的文房用物基本替代了，因此原来中国的文房用物大都归入清玩之列，不是特别留心的人也不会清楚，所以必须在本书内加以叙录。笔、墨、纸、砚这四件用具是文具中最重要的，都已分章论述了，现再将其余各物分述如下。

笔格

笔格也称笔架，即架笔之物。作书、作画时在构思或暂息时用笔格来放笔，以免画笔环转污损他物，它是古人书案上不可缺少的文具。笔格创始于何时已经无法确切考证了，但据《开元天宝遗事》记载："苏题有一锦纹花石，镂为笔架。每天欲雨，则津出如汗。"《杨文公谈苑》记载，"宋钱思公有一珊瑚笔格"。从这些记载中可以看出唐宋时就已经有笔格了。

现在常见的有孔雀石笔格，因为孔雀石颜色很美丽而又无其他用途，所以孔雀石笔格存

寿山石雕山型笔架

五彩龙形笔架

白玉刻六合同春图笔架

铜笔架

火烧玉雕九鹿松鼠笔架山

唐英诗文粉彩笔筒

世很多。再则，还有鸡血石笔格、寿山石笔格。鸡血石中颜色像血一样鲜艳美丽的，可以用来制作图章，但块大而质地不好的多琢为笔格。现在，因为鸡血石价格较贵，以前制作的笔格大多数改为图章，导致一件也不容易见到。寿山石的质地庞杂，不适合制作图章的多数用来制作笔格，最近还可以见到。其他各种质料所制作的笔格，因材料不贵而且使用的人不多，已在市场上绝迹了。

　　笔格的质料有玉、石、金、铜、瓷、木等。式样更加繁多：玉笔架有山形、有卧仙；有旧玉子母猫，长六七寸，白玉作母，横卧为坐，身负六子，起伏为格，板附眠抱，诸态毕俱。钢笔格有镶金双螭挽格，有十二峰头格，有单螭起伏格。瓷笔格则有哥窑三山、五山格，有白定卧花哇格。木笔格则有老树根枝，蟠屈各种形状，长五六寸，宛如游行之龙，鳞角爪牙都有，长期摩弄质感如玉，诚然是天生的笔格。又有棋楠笔格，放置在水中会快速下沉，非常难得。石笔格有像峰峦起伏的，有像蟠屈之龙的，总之，天然形成不用刀斧修琢的即为上品。

紫檀木嵌石六角小笔筒

笔筒

　　笔筒是从前书案上不可缺少的东西，体积比其他文具要大，是很显眼之物，因此制作得都非常精良。假如书案上放置一个不美观的笔筒，人们在作书、作画的时候，一定会产生不愉快的心情，其书画作品也会受到影响。

粉彩花卉方笔筒

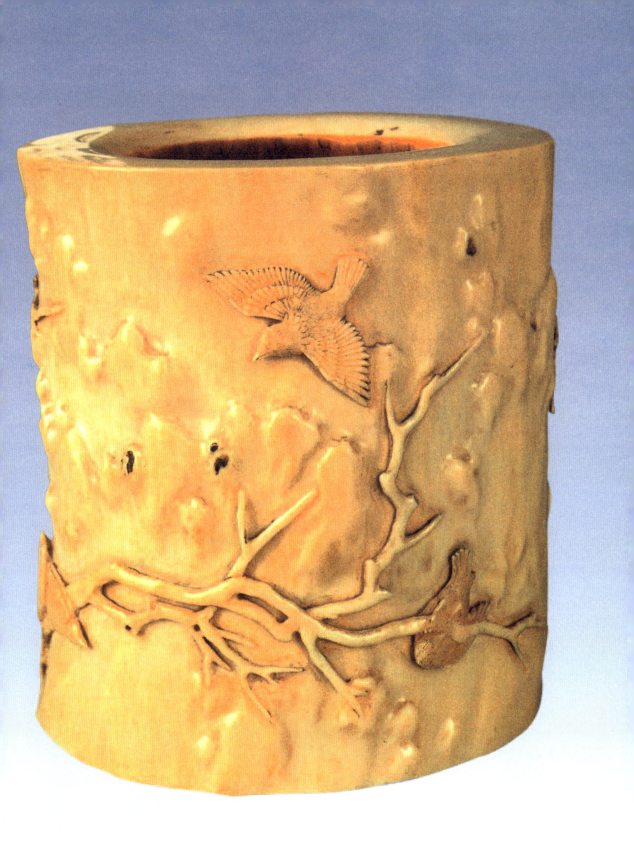

象牙花鸟笔筒

古人对于笔筒的制造颇费心思，其种类也很多，有瓷笔筒、玉笔筒、竹笔筒、木笔筒、铜笔筒等，制作得都非常精妙。

宋代以前的瓷制笔筒已经不容易见到，明代的青花笔筒、五彩笔筒，现在还能买到。到了清代，人们对于瓷制笔筒非常关注，康熙的大笔筒上除绘有各种花卉外，还选择古代著名的文章，如《滕王阁序》《归去来兮辞》《兰亭集序》《赤壁赋》等，将其书写在笔筒上。也有将皇帝的诗写在笔筒上的，书法都非常精美，除了虞、柳、欧、褚诸种字体外，还有作四体书的。因此，瓷笔筒以康熙时期制作的最为精美。

竹雕山水人物笔筒

现今古玩市场上的笔筒以紫檀笔筒、黄杨笔筒、刻竹笔筒为最多，且其中不乏佳品。瓷笔筒、玉笔筒、古铜笔筒则都是普通使用的东西，绝少名贵物。清朝皇宫中以前收藏的各种笔筒，其数量数不胜数，如石子树根笔筒、木根雕灵芝笔筒、黄杨雕爪镂孔笔筒等，各种刻竹笔筒无不俱备。

清花西厢记人物笔筒

玉制笔筒以乾隆时期所制作的为上选，不仅选料精严，做工也实在是空前绝后。竹制笔筒以雕刻花纹的最珍贵，尤其以朱氏一门所制作的竹笔筒为最佳，光滑没有花纹的竹笔筒则不足取。

木制笔筒的材料有紫檀、红木、花梨、乌木、黄杨以及其他各种名木，而以用紫檀所制作的笔筒为最名贵，黄杨木制作的笔筒以雕镂有花纹为上品。古铜笔筒多为仿制品，并非真正的古器，因为古时不注重笔筒。银笔筒以胡文明制作的商银笔筒为最珍贵。

浮雕鱼龙海兽紫檀笔筒

笔床

笔床是放笔用的器具，像人的床一样，可以让笔卧在上面。据《树营录》记载："梁简文帝制笔床，以四管为一床。"徐陵《玉台新咏》集序中云："琉璃砚匣终日随身，翡翠笔床无时离手。"以前笔床为极通用之器，如今不多见。有古代鎏金笔床，长六七寸，高寸许，阔二寸余，上均卧笔四支，然形状如一架，最不美观。今仅做鉴赏用，因为不便使用。

笔屏

插笔的器具。宋代内廷制造的笔屏、玉笔屏、大理石笔屏，如今都不使用，只供鉴赏。

笔船

放笔的器具。有紫檀、乌木、竹、象牙、玉等制品。

笔洗

笔洗是洗笔用的器具。名贵的毛笔其毫尖非常娇嫩，写字后必须立即将笔洗净，否则墨有胶性，能浸蚀笔尖。古人写字后都必须洗笔，因此王羲之有将整个池塘的水全部染黑的故事。笔洗是文房中重要的器物，有用玉制作的笔洗，有用铜制作的笔洗，但最多的是瓷制笔洗。

玉笔洗有钵盂笔洗、长方笔洗、玉环笔洗等。最为常见的古代铜笔洗有古镶金小洗、青绿小盂、小釜、小匜以及匜五种器具，在古代它们都各自有各自的用途，后来的人取作笔洗，品第最高，但以形式佳美、颜色翠碧、年代久远者为贵，如果是后代仿制的，也不值得称道。

瓷质笔洗有官窑、哥窑制作的葵花洗、磬口洗、四卷荷叶洗、卷口帘段洗等，龙泉窑制作的双鱼洗、菊花洗、百折洗等，定窑制作的三箍洗、梅花洗、方池洗等，宣窑制作的鱼藻洗、葵瓣洗、磬口洗、鼓口洗等，这些瓷质笔洗最为名贵，但这些器物现在已成为收藏、鉴赏的文物，也不再使用了。

青釉模印云日菊花纹笔山

青白玉桃形笔洗

黄釉雕瓷笔洗

按理来说，笔洗作为一种器物，只要能达到洗笔的目的就可以了，又何必购买贵重的名器？宋代瓷器一件可值万元，谁肯将价值万元的器物拿来当平常器物使用呢？所以今日想得到一件名贵笔洗确是难事，因为名贵的笔洗都被人收藏而不肯出售，所出售的都是平常之物。

笔觇

蘸笔的器具，瓷、玉、琉璃、水晶等质地都有。瓷品以定窑、龙泉小浅碟式为好，水晶琉璃品物也可使用，玉碾片叶做成的最俗气，也可使用。今天已不常用这种器物，所以，一般人对这个名词已感到生疏。

水中丞

水中丞就是水盂，也叫水丞，文房用具中的大贮水器，林洪在《文房图赞》中称水盂为"水中丞"。据《考槃餘事》记载："水中丞陶者，官窑、哥窑，肚圆式有钵盂小口者，有仪棱肚者，冬青瓷菊瓣瓮肚圆足者。有定窑印花长样，如瓶，但口敞可贮水者，有圆肚束口三足者，其式不一，质类亦杂。铜性猛，贮水久则有毒，易脆笔，故必以陶者为宜。"

玉器中有一种圆口瓮，肚子的大小像拳头那样大，不知古人用它来做什么，现在用它来盛水很方便。古代铜器中有小尊、小罍、小甀之类的东西，都可以做水中丞使用。

陶瓷器中有官窑、哥窑制作的瓮肚小口钵、盂等诸多形式的器具，都是能当作水中丞的佳品。明代陆子刚制作的兽面锦地瓷器，与古代的尊、罍形式相同，用作水中丞颇为合适。现

德化窑双螭水丞

碧玉童子戏鱼水丞

在的人虽然多使用钢笔、铅笔，但还有许多人喜欢使用毛笔，所以水中丞仍是文房用具中不可缺少的器物。

水注

水注就是水滴，向砚中滴水的器具。水注的种类最多，在古代，铜、玉质料的器具都有，有辟邪、蟾蜍、天鸡、天鹿、半身鸱鹕、杓镂金雁壶等诸多形式，其注管与器身合二为一的为上品。

铜铸卧牛水注，以牧童骑牛做注管的居多。也有铜铸的人形水注，还有犀牛、天禄、龟、龙、天马等动物口衔小盂的水注，这些都是古代点灯时用来注油的器具，后世的人用来做水注。

瓷制的水注也不少，著名的有官、哥、定、汝诸窑出产的瓷水注，其形状有方形、圆形、立瓜形、卧瓜形、双桃形、莲房形、带叶茄壶

仿官釉海棠口水盂

形等诸多样式；宣窑则出产五彩桃形、石榴形、双瓜形、双鸳形等诸多样式。但水注的品位仍以铜质水注为高。

红釉莲瓣纹水注

龙泉窑瓜形水注

耀州窑黑釉铁斑堆花水注

糊斗

是用来盛放糨糊的器具。铜质糊斗——古代铜器中的有盖小提卣，大小如拳头，上面有提梁索股；有瓮肚如小酒杯式，成方座的；有三箍长桶，下有三足，上铸回文"小方斗"。瓷质糊斗，以定窑出产的蒜蒲长罐与哥窑出产的方斗最佳，中间设置有一梁的为上品。不过，瓷质糊斗到底不如铜质糊斗刷洗起来方便。

蜡斗

蜡斗是盛蜡用的器具。古时候，文人用蜡的地方很多，当时主要是用蜡而不用糨糊来封口书信、公文等。蜡斗的器形与糊斗相同，凡是可以盛糨糊的器具都可用来盛蜡。

镇纸

镇纸又称"书镇"，是用来镇压书页或纸张而不使其失散、移动的用具，现在很多人将其误称为"镇尺"，这是不明白古人制作镇纸的原意所致。镇纸的种类和式样很多，有用玉制成的镇纸，其形状有玉兔、玉牛、玉马、玉鹿、玉羊、玉蟾蜍、蹲虎、辟邪、子母螭等诸多形式，这些都非常古雅。用铜制成的镇纸，有素绿虾蟆、蹲虎、蹲螭、眠犬、鎏金辟邪、卧马、龟、龙等形状。此外，还有用水晶、玛瑙制成的镇纸，各种样式也很多。瓷质的镇纸则有官窑、哥窑、定窑制作的诸多名器。宣铜镇纸也有制作精妙的上品，其形式有马、牛、猫、犬、狻猊之类。

裁刀

为裁纸专用。也有将它看作古人"用以杀青为书"的削刀。后来，仿照古人的削刀所制成的裁刀，其制上尖下环，长仅尺许，其柄所用木料很是讲究，并饰有图案花纹。

压尺

压尺的形状像尺，是用来镇压书纸的器具，多用紫檀、乌木制成。既有无花纹的光板压尺，也有在上面镌刻金银丝的压尺，上面有用旧玉觝为钮的，俗称为"昭文带"。还有用日本的掺金双桃银叶为钮的压尺，做工非常精致。有的压尺中间有孔窍，内藏有刀锥之类。孔窍中如果不藏刀锥之类，必定要灌铅锡，否则会因过轻而不能够压住书纸。

秘阁

秘阁原本是宋代图书馆的名称，在这里指书写时用来枕臂的器物，俗名又叫"笔搁""臂搁"。秘阁的具体作用是书写时，用它来支撑臂腕而不致为桌面所揿肘。

秘阁的种类也很多，其中以长条形式的古玉瓬做的秘阁为最佳，还有用漆器、紫檀、乌木、象牙、竹子等制成的秘阁，现在能见到的以象牙制成的秘阁为最多。秘阁上刻有蝈蝈儿、蟋蟀等物，极为传神，很难见到。

象牙十八罗汉臂搁（1对）

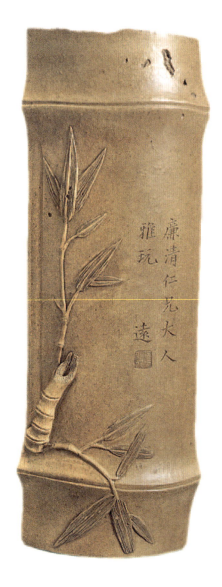

紫砂竹节臂搁

玛瑙巧雕双鱼图镇纸

墨盒

墨盒的使用在民国已极为普遍，只是它出现的时间并不是很长，但具体从何时开始使用墨盒，也不清楚。相传，有一个文人要去考试，他的妻子认为携带砚台不方便，就把墨汁浸入到脂棉中，然后把浸了墨的脂棉放到自己的粉盒中，让丈夫带着粉盒去考试。这个传说确实很新奇，然而没有确切的证据。

墨盒大约在清代嘉庆、道光年间开始出现，据载阮文达于道光丙午年间再次来到京城，用旗匾银来制造墨盒。其形制正圆，为天盖地的形式，旁边两个小柱上有环。光绪初年，这个墨盒还保存在他的家里。在墨盒上刻字，则开始于秀才陈寅生。陈寅生，名鳞炳，通医术，工书画，自写自刻，所以能刻出佳妙之字，这是同治初年的事。

铜墨盒

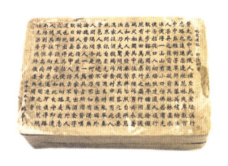

铜墨盒

铜长方形墨盒

铜墨盒（3只）

墨匣

用于存放墨锭，起装饰和保护作用。墨匣中，以套墨、集锦墨、彩墨所用的匣最为考究。古代墨匣多以紫檀、乌木、豆瓣楠木为材料，并镶有玉带、花枝或螭虎、人物等图纹，一般都很精美。古代墨匣中，也多有制成漆匣的。清末制墨匣最著名的，当属京城万礼斋。

端石刻字墨盒

铜刻仕女纹墨盒

砚匣

用来保护砚台，它的形制随砚形的不同而不同。砚匣多为漆匣、木匣，但也有用金属制成的。《砚录》认为：青州红丝石砚用银匣为好，用锡匣也可以，因为锡匣能润砚。《文具雅编》则认为："（砚匣）不可用五金，盖石乃金之所自出。若同处，则子盈母气，反能燥石。以紫檀、乌木、豆瓣楠及雕红褪光漆者为佳。"

砚床

为砚特制的底座，它既是一种陪衬，又能起到使砚平稳、不致移动的作用。

粉彩缠枝花卉墨盒

研山

山峦形奇石，因其中设有墨池，故名。最早的研山可以追溯到汉代，汉代"十二峰陶砚"即是一例。到五代十国，南唐后主也令人用龙尾佳石雕琢了一方三十六峰歙砚，"径长逾尺咫"。南唐灭亡后，这方歙砚流转数十人手中，后为米芾所得。山峦形砚台既高又大，实用价值很小，主要供观赏。所以，米芾就将这方歙砚重新取名为"海岳庵研山"，后来他用这座研山换得一栋豪华的住宅，一时传为佳话，研山也因此盛行起来。为了取得山峦逼真的效果，又有一泓碧水池的墨池形态，后来人们就改用灵璧石、太湖石雕制，于是，研山很快成为文人案桌上的一道风景，广泛受到青睐。宋代以降，研山实际上成为一种观赏石，《素园石谱》《铁围山丛谈》中多有记载，此不赘述。

二、印色

印色古称"印泥"，现在仍有人称其为印泥，但印色实际不是泥。有的人说它像泥那样软柔，所以称之为泥，其实并非如此。印泥是沿用古代的称呼，古代时的确是用泥，所谓封泥便是证明。古人书牍文件都用竹简或用木札书写，写成之后用绳绑在一起，在绳的打结处用泥裹住，在上面加印，和今天用火漆封印相似。当时的封缄之泥至今仍有流传，俗称"封泥"，上面的文字或是官品、人名，或是吉祥词语，都是阳文正刻，反面常有绳索交结之状。

古时钤印用泥是千真万确、毫无疑问的了，只是印泥的制作和使用从什么时候开始的已经无从考证，夏、商、周三代以前是否已有印泥，今天也无法证明。《周礼》中所记载的"玺节"、《左传》中所记载的"玺书"实际上是什么情况，史书从来没有过说明。从字义来讲，既然有玺印，必然用来钤盖，其钤盖之法或许是用泥封缄。

总之，夏、商、周三代以前是否已用泥封现在已无法证明了。我们能够确定的是，秦时确实用泥封，从"封禅"的方法就可以知道。封禅的方法是将封禅的文书写在玉册上，然后抹上紫泥，盖上玉玺。至于官民上书言事则是书写在绢素上盛在锦囊里，在绢素之上盖印，也是用泥。汉代与秦相同，仍用泥封。按照汉代法制规定，天子玺书用紫泥封。紫泥大半是丹砂做成的，其中也有用金泥的，如武帝封禅书上所说的"金泥玉检"。《说文》上记载："书，署也。徐氏曰：'书函之盖，三刻其上，绳缄之，然后题书其上而印之也。'"蔡伦虽已发明造纸，而且绢素也早就用作书写材料，但公文信件仍照旧使用函而且用泥封。到了晋魏，这种风气仍然存在，虽然有纸绢但是仍用函封，这大概是由于印章仍在使用的缘故。

"齐铁官印"封泥

封泥

隋、唐之时开始改用纸套。纸套无法泥封，于是开始改用水印，水印是用章丹和胶水做成的，颜色浅红无油痕，用图章蘸水印钤盖于纸上，因此就有了阳文印章的出世，然而水印只用在公文信件上，并没有用于图画。将图章盖在书画之上的风气是从唐代开始的，宋代最为盛行。

明代永乐年间发明油印，但油印质贵难得，除皇家及王公大臣外，一般仍多用水印，清代也是如此。原来的商家虽然使用油印但是仍称为水印，这是多年传承下来的习惯。从明代永乐年间发明油印以后，其制法日益进步，明代时的印色的主要原料必须是红色，而红色的原料不一样，有用朱砂的，有用银朱的，有用胭脂的。其所用的油也不一样，有用茶油的，有用芝麻油的，有用蓖麻油的，有用菜籽油的。质料有用艾的，有用木棉的，有用灯芯草的，有用竹茹的。用料既不统一，配制方法也不一样，其成色不同理所当然。所以，明代时虽已发明油印，其实在成色上并不一致，固然有佳品，但是也有劣品，劣品效果还不如水印。

到了清代，印色的使用更加广泛，不仅公文、信件上要用，即便文人书画也都要使用。著名书画大家所作的书画，钤印使用的印色必须精

"长水校尉丞" 铜印

良，否则，对它的价值会产生极恶劣的影响。鉴赏家把钤印的印色看成是评定作品优劣的有力根据，因为作品优秀却使用劣质的印色，确实有损作品的美观。书画以是否美观、是否能使人心里感到愉快为第一要素，所以印色劣质会降低作品的身价，这是必然的，并不是好事者故意贬低。

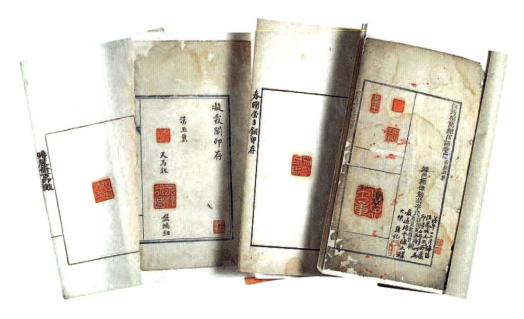

澄秋馆藏古封泥拓本

再则，鉴定、收藏字画是以前社会上重要的交际手段。古代流传下来的著名书画或当世的作品经过一个时期以后，都因为盖有某一时期著名人士鉴赏或收藏过的图章而变得更有价值。查看一下过去有名的书画作品，情况都是这样。但如果印色不好，不仅不能增加书画的身价，甚至会降低其价值、损害其名声。所以即使不是名作家，只是社会上有身份的人为了鉴赏、收藏，也必须讲求印色。

最著名的有所谓的"八宝印泥"，以福建漳州产的最好，清代用它来做贡品，其名贵由此可知。相传"八宝印泥"从乾隆时期开始制作，当时天下太平，所用物品无不求精。世面

"小厩南田"铜印

青花西厢记人物纹印泥盒

上流传的字画中有乾隆御题的，其印泥凸起若玉，鲜红可爱，不用宝石的碎屑岂能如此美丽？据说印泥中的八宝为：一珠粉、二辰州朱砂、三真腊红宝石、四赤金粉、五石钟乳、六珊瑚屑、七砗磲粉、八水晶粉。将这八种材料研细，再用陈年晒油、过罗、艾绒，经过九次调研后才完成。漳州人手艺非常细腻，制成一盒料泥

需花费半年时间，研粉之后还需要用泉水漂净、过罗、加碾，手续极为烦琐、复杂。但商人所制的印泥经常有偷工减料的弊病，虽然名为"八宝"，其实仍有许多假冒的材料。市面上很难得到精品，常见的印泥不是太绵，就是油太重，太绵则黏，油重则浸，精良适用的特别不容易得到。所以讲究印色的人大多自行配制，下面就将制造印色的通用方法介绍于下，作为鉴定书画的辅助方法。

青花山水人物大印泥盒

印色最重要的原料首先是朱砂。《说文》上记载："丹，巴越之赤石也。象采丹井，象丹形。"陶弘景云："即今之朱砂。惟须光明、莹彻为佳。"苏颂云："今出辰州为最。"寇宗奭云："辰州砂多出蛮峒，绵州出猪獠峒、老鸦井。"李时珍云："麻阳，古绵州地。色紫不染纸者，为旧坑砂，为上品。色鲜染纸者，为新坑砂，为次。"《印谱》所说的新、旧二坑便是指此二坑。朱砂以箭镞砂为上品，今天所说的"箭头"是它的俗名。其次是劈砂，古人对其没有记录，也许是肺砂的异音。再其次的称为豆砂，陶弘景所说如大小豆及大块圆滑的，就是俗称的豆瓣砂。其余的不入选。大致说来能做印泥的朱砂颜色宜紫，而砂的好坏以没有土的为佳，所以衡郡所出的朱砂虽然色紫但是不贵。奸商又以锻冶的余烬冒充紫色，时间久了会变黑。

朱砂的选择困难，而研磨更加困难，必须研磨到极细才行。先把朱砂放入药碾中碾过，然后用细筛筛过，把粗的再碾，直到极细，取出来放在乳钵中研磨过后，再放入火酒一同研磨，研磨到不发出声音为止。把火酒晒干后入水乳之，把浮着的取出，沉底者再乳，直到所乳之钵都浮在水面，称为"砂标"。然后晒干，注意不要把尘土混杂在其中。

朱砂固然为制印色的唯一原料，但一时找不到朱砂，也可以用银朱代替。漳州炼制的银朱为上品，颜色猩红的不能选用。飞银朱的方法是取泉水清洗银朱，去掉表面的浮油，然后把极细的晒干。只要制作印色，如果用朱砂，就不可再用银朱。如果二者同时使用，时间长了会变成黑色，这是火与不火的原因。飞银朱的水，山泉最好，河水次之，井泉又次之，不能用雨水及下矾水。

太平天国玉玺印钤拓

"唐安县之印"印

石雕凤纹印泥盒

欲使朱砂颜色更鲜艳，可用染朱之法。用朱砂四两，胭脂十张，用河水浸红拌砂，晒到水干为度。

印色其次要看质料。如纯用颜色，必有厚薄不匀的弊端。如果浸在某种质地内，则没有这种弊病。其质料的种类也不一样，最通用的有四种，即艾、木棉、灯芯草、竹茹，不过必须精制才能应用。现在将各种印质的精制之法列举如下。

印盒

萃文阁

理艾法

艾的产地不一样，产于汤阴的叫"北艾"，产于四明的叫"海艾"，产于蕲州的叫"蕲艾"。中国遍地产艾，但可以使用的艾只有上述三种。

理艾的手续很繁杂，所使用的器具也很多。

艾草

手续有揪、搓、淘、煎、杵、弹、擦、挤等名目；器具则有筱、臼、弓、磨、棚、筛、囊、乳钵等。艾的成分也很多，有衣、屑、筋、梗、心、蒂，这些都是艾的瑕疵。去除瑕疵的方法是：先去掉它的梗蒂，用筛去掉屑；用筱搓揉，用白杵揪，以棕棚做棚擦去掉表皮，用磨磨它使表面干尽。但这还没有完成，再用乳钵乳之，以防止余衣的存在。用小弓弹艾，去掉其筋。把艾放到新麻囊中淘洗，淘后再用砂器煎。煎必须用砂器，取其口大方便。至入水十余次，颜色黄而后白，白而复黄，黄而又白时停止。将其取出放置一个晚上，待干透再弹、再筛，直到去尽黑心为止。有人说理艾只需擦搓，不必煎洗，这种说法是错误的，并不是理艾的方法，这种做法像用红膏子染印泥成红色一样。

129

理木棉法

产自粤东的木棉是最好的。秋间采收，搓取去其籽，用小弓弹，再用水煮，到油尽就可以了。这种方法非常简单，但是不如艾质的好。

理灯芯法

用灯芯草以粳米浆染，染白晒干研成粉末。

理竹茹法

用上好水荆竹磨之，使竹极软，用弓弹去筋，便可使用。

以上四种质料中，艾是最好的，其余三者都比不上艾。原因在于灯芯劲刚，木棉性软，竹茹体滑，并且灯芯草会高出纸面。

再则是油，油也是制印色的重要原料。凡是油都可以用来制印色，不过常用的是茶油、香油、蓖麻油和菜籽油四种。茶油产于闽中，

仿青花螭龙纹印泥盒

斗彩仕女图印泥盒

即建茶子，福建人用作食用油。香油即芝麻油，或者叫脂麻即胡麻子油，寇宗奭称它为"文鹊"，颜色黑而且紫，取油也很多，然而今天取香油以白颜色的芝麻为好。蓖麻亦作蟆麻，俗作草麻。李时珍解释说："其仁娇如续随子，有油，可作印色及油纸者也。"菜油本芸苔菜籽，赤色，呈油黄色。

木棉纤维

木根雕印泥盒

制作印色的这四种油都是前人所记录的，茶油为第一，蓖麻次之，芝麻油、菜籽油不入品。大概是因为茶油清冽，入砂历久不腻。蓖麻色浊，时间长了，印色会由红变黑，其性拔毒能入纸，所以不易渗。若是芝麻油则性浮，其力往往不胜。菜籽油颜色是黄色，而且渗纸，制印色效果最差。制印工人制油多加药品。菜油一两，用黄蜡三分煎去水气。蓖麻二十两，用白艾四钱、苍术一钱八分、川附二钱四分、肉果八分、干姜一钱八分、川椒二钱、枸杞一钱八分、砒石八分、皂角一钱、斑蝥六个，入砂器煎水成珠去渣，再加白矾二钱四、无名异末二分四厘，又加入黄蜡、胡椒，用灯草试之，不用水气，然后收贮在瓷器内，这是制蓖麻油的方法。菜油一斤用白芨、白正各三钱，交桂、川椒各二钱，用绢囊盛着放入油中，用砂器煎沸数次，提起绢囊置瓷盆内用丝绵蒙之，待三伏天过完，色如清水，滴水不浸，

印油便制成。麻油四两用苍术一钱六、白芨四钱、黄蜡八分、白蜡二分、胡椒三十粒、煎香一炷。又有一种方法，麻油十两，蓖麻仁六十粒，花椒、胡椒各二十粒，皂角三个，白芨末一钱，白蜡、血竭各二钱，白矾、藤黄各五分，先以蓖麻仁同油入瓷器煎几次，再放入椒皂煎几次，又加入蜡矾等再煎几次，看到凝成珠状，等冷后去渣，埋土中三天，取出再三天，就可以使用了。蓖麻五斤合桃油一斤，藜芦三两，皂角二两，大附子二两，干姜一两，白蜡、藤黄各五钱，桃仁二两，土子一钱，一起放入瓦器，用快火煮沸数百次，看水要涸时随时增加水；然后用慢火熬三日，去渣用瓷器盛贮，埋入地下三日，取出晒三日，以去水气。用这样的方法炮制好可存放百年不坏。以上都是前人的方法。

毕伯涛粉彩草虫印盒

仿粉彩达摩像印盒

端石随形印盒

制印油用药，是因为油性杂乱，必须用药来制之方能纯一，苍术之类是去其湿以就燥，白芨之类是使颜色长久而不变黑，黄蜡之类是益油质以增加浓度，白蜡之类是敛其涩使不渗漏，胡椒之类是使油经冬不冻。

如果不能按油的多寡、药性的轻重来制油，则还有晒油之法。用玻璃瓶盛油，置于梁间，任其风吹日晒，过三年也可以使用。

取蓖麻油也有特殊的办法，在霜降后收蓖麻子，晒干贮竹器内，次年取出炒干、春碎，榨取成油。还有一种方法，用碾去壳，研极细入水煎之，待水面有泡及油珠浮起，用鹅毛时时拂去，至半日油能完全取出，再贮入其他容器，煎至数沸，

豆青釉浮花印泥盒

入药制成。还有一法，炒熟去壳蒸过，用绢包放入小木车磨成油，而煎熬之法不能使用。

各种原料选妥制好以后，最后并且是最重要的手续就是配合。方法很简单：取一两砂、三钱油，先取钵与油，像以前那样将油倒入花瓷乳砂内，乳之到油不浮、砂不沉，则油结而复散，散而复结，达到油与砂融合为一；然后将艾放入乳钵内细细乳之，再达到艾、砂、油都至匀至净的状况；然后再用竹片搅之千百次，越多越好，盛入盒内封固；挂檐下30天，取下拆去封皮；三天一晒，一天一搅，到第二年再加朱砂五钱，照前边的方法制作；次年也是这样。这样坚持做下去，即便是铁线填白印，也不会有模糊不清的弊病。

印色十珍：一明、二爽、三润、四洁、五易干、六不落、七不泞、八不粘、九不霾、十不冻。必须符合这十条才是上选，缺一就不值得称赞。

印色的优劣与使用上也有关系，善于使用的人应该表现印色的长处，否则，虽是优良的印色，也必然变成劣物。

剔红老子出关图印泥盒

青花龙纹印盒

古人在印色使用上列有八项要点。

一慎收贮。收贮之器以旧瓷器为第一，水晶、玉器次之，不宜使用铜、锡器，最忌漆器及犀牛、象牙器，而石器更加忌讳。

二养色泽。收贮池中形状如攒宝塔，油在四边，常让油围之以养印泥，印色则鲜明又能永久。

三勤翻调。砂体沉下，油性浮上，翻调即能匀和其体性。十天半月调一次，印在纸上自然形象生动。

四戒动摇。钤印时务必将印持正，按下切勿动摇。假如一动摇，白文则细，朱文则粗，甚至模糊失去其本意。

五宜拭净。印章随用随拭，一定要洁净，假如不拭，残留物黏滞能毁坏印色，要更换印章。

仿古铜彩开光人物纹印盒

老印泥一盒

六宜薄垫。薄垫则铅印易平正，厚垫则钤印高低不平。纸用 24 ～ 30 张成一帧，以备文房钤印之用，不能用书卷垫底，为的是敬慎对待图书。

七宜翻晒。春冬日暖宜晒一时，夏秋日烈宜晒一刻。应该缜密保管毋使灰尘落入印色中。久而不动印色自己就坏了。

八慎霉湿。芒种之后，天气阴霾，宜将印盒置之高阁。冀北一带风高要防其灰带入印盒；南方阴雨天多，地势卑湿，要缜密高藏印盒，适宜常晒阳光。

关于印色的简要情况在上文已经叙述了，由此可见古人因为配制之难，而在使用保护上特别在意。

青玉雕鸳鸯纹印泥盒

象牙雕山水人物印泥盒

第七章　琴及非铜乐器

古琴，又名七弦琴，有3000多年的历史，是古乐器的主要成员之一，也是中国古代地位最崇高的乐器，被誉为哲学性的艺术或艺术性的哲学。琴被列为"琴棋书画"四艺之首，是古代文人的必修之器。历史上的著名琴师有孔子、蔡邕、蔡文姬、嵇康、李白、杜甫、宋徽宗等。我国最早关于古琴的记载见于春秋末期的《诗经》；古琴的出现，当然远在《诗经》成书之前。

"清夜钟"古琴

褐漆"虎啸"连珠式古琴

荆门郭店楚墓七弦琴

仲尼式古琴

一、琴的源流

《琴操》记载："伏羲作琴。"但考察世界各民族的历史，都是在野蛮时代都已经能够制作乐器，中华民族当然也不例外。伏羲时，中国社会已进入文明时期，必定早已制成了各种乐器，不过是伏羲将其定名定制罢了，所以史书上说琴是伏羲制作的。其实，在伏羲前必定早有琴了。

吴仪《琴当序》记载："伏羲之琴，一弦，长七尺二寸。"桓谭《新论》记载："神农之琴，以纯丝做弦，刻桐木为琴。至五帝时，始改为八尺六寸。虞舜改为五弦，武王改为七弦。"直到现在，古琴仍然是七根弦。因此，琴的制式传说是由伏羲定下，但今日的古琴式样其实是由虞舜开始的，而由周武王完成的。自古到今，古琴的长度也在逐渐变短。今天的古琴，长度只有三尺六寸三分。

对古琴功能的增加或减少，每次琴身上都做有标志，用金玉做的圆点作为装饰，称之为"徽"。全琴上有十三徽，用指按而弹奏，共有 13 个音。

（一）琴的诞生

琴是我国最古老的弹拨乐器之一，20 世纪

"大圣遗音"伏羲式琴

初之前的琴才被称作"古琴"。琴的创制者说法不一，有"昔伏羲作琴""神农作琴""舜作五弦之琴以歌南风"等多种说法，目前尚无定论。从汉代开始文献中已经有了关于琴的创制的记载。据汉代《琴操》《宋史·乐志》记载，琴最早的制作者是伏羲氏，而汉《新论》《说文解字》《风俗通义》《尚书》《礼记·乐记》《史记·乐书》中则记载，琴的最早制作者为神农氏。虽然琴的制作者仍不确定，但由此却可以看出琴在中国有着悠久的历史。

《斫琴图》

鉴空琴

古琴的琴身是个狭长的木质音箱，上加厚漆，有七根弦，琴宽的一端为头部。在先秦时代，琴已很流行，如《书经》中有关于琴的记载："搏拊琴瑟以咏。"《诗经》中也有记载："琴瑟在御，莫不静好。"现有的图片及文献资料表明，琴最迟在汉末已大致定型为后世通用的形制。唐代制造的琴传存至今，与宋、元、明、清时造的琴之间仅有造型艺术风格上的区别和音色追求的区别。

早在春秋时期，琴就已经成为文人的必修乐器，数千年来琴与文人的生活密切相关，孔子、蔡邕、嵇康、苏轼等都以弹琴著称。用琴弹拨出来的音乐神圣高雅，坦荡超逸，古人多用它来抒发情感，寄托理想。琴远远超越了音乐的意义，成为中国文化和理想人格的象征。

朱权制"中和"琴

从唐代开始，古琴有了自己专用的记谱法，这种记谱法记录弦位和徽位、左右手的弹奏方法，但不直接记录音高。它由汉字的部首、数字和一些减笔字拼合而成，称作减字谱。减字谱记录古琴音乐的仔细程度和科学性，使现代的五线谱等记谱方法至今仍不能取代它。用减字谱记录而传承至今的古琴谱有150多种，保存了大量的古代音乐作品，是我国巨大而珍贵的音乐宝库。

古琴在弹奏法、记谱法、琴史、琴律、美学等方面早已形成独立完整的体系，被称作"琴学"。其内容博大精深，是中国传统音乐的代表，也是反映中国哲学、历史、文学的镜子。在体现中国传统文化气息的能力上，没有一件乐器可以与古琴相媲美。

仲尼式古琴

《听琴图》

136

（二）琴的发展

目前，出土较早的琴是战国初期曾侯乙墓中的十弦琴和长沙马王堆汉墓中的七弦琴。前者距今已有 2400 多年的历史，而后者距今也有 1900 多年的历史。

周朝时期，琴作为宫廷里的雅乐伴奏，以弹右手散音为主，弦数有五至二十七弦不等，主要作为歌唱的伴奏。作为纯器乐弹奏，始于战国时期的伯牙、子期高山流水的故事，《吕氏春秋》《列子》中均有记载。当时著名琴师有春秋时期的钟仪、师旷，战国时期的伯牙、雍门周。著名琴曲有《高山流水》《阳春白雪》。

曾侯乙墓十弦琴

到了汉朝，七弦琴制已经基本定型，左手指法有了一定的发展。魏晋南北朝时，还出现了一批向往超世隐逸思想的文人琴家，如魏晋时期的阮籍、嵇康、左思，南北朝时期的戴颙、宗炳、柳恽和柳谐。著名琴家有魏晋的蔡琰（蔡文姬）、阮咸、刘琨，著名琴曲《广陵散》《酒狂》《梅花三弄》《乌夜啼》就是当时出现的。《碣石调幽兰》（南朝梁丘明所传）是现存最早的文字谱。重要琴论专著有嵇康的《琴赋》、谢庄的《琴论》、麹瞻的《琴声律图》、陈仲儒的《琴用指法》。

隋唐时，唐曹柔发明减字谱，制琴术得到了发展。著名琴师有隋朝的李疑、贺若弼、王通、王绩和唐代的赵耶利、董庭兰、薛易简、陈康士、陈拙。著名琴曲有《大胡笳》《小胡笳》《昭君怨》《离骚》《阳关三叠》《渔歌调》。琴论专著有薛易简的《琴书正声》。

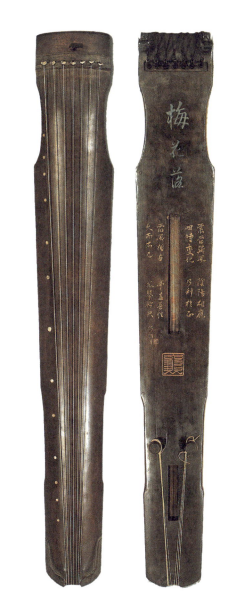

仲尼式"梅花落"古琴

马王堆汉墓七弦琴

137

宋元时期，人们开始制作一弦、二弦、七弦、九弦琴。阁谱、江西谱、浙谱也开始流行。北宋时调子（琴歌）盛行。北宋的琴僧有夷中、知白、义海、则全、照旷。文人琴师有欧阳修、沈遵、崔闲、苏轼；浙派琴家有郭楚望、杨瓒、徐天民、毛敏仲；金元琴家有苗秀实、耶律楚材。代表琴曲有《胡笳十八拍》《楚歌》《潇湘水云》《渔歌》《泽畔吟》《醉翁吟》《古怨》。琴论专著有朱长文的《琴史》、崔尊度的《琴笺》、刘籍的《琴议》、陈敏子的《琴律发微》、则全和尚的《节奏·指法》等。现存较早的减字谱谱式有宋姜夔《白石道人歌曲》中的《古怨》、元《事林广记》中的《黄莺吟》和宋杨瓒的《紫霞洞琴谱》（佚）。

明朝，琴派兴盛，著名的琴家有徐仲和、严征、徐青山。代表琴曲有《秋鸿》《平沙落雁》《渔樵问答》《释谈章》等。琴论有冷谦的《琴声十六法》和徐青山的《溪山琴况》，刊印琴谱流行。

清朝，刊印了大量的古琴谱集，琴家有：庄

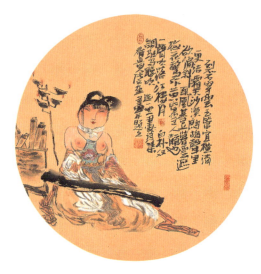

古琴仕女图（镜心）

臻凤、程雄、徐祺等。代表琴曲有《水仙操》《龙翔操》。琴论有戴源的《鼓琴八则》、蒋文勋的《琴学粹言》、庄臻凤的《琴学心声·凡例》。

联珠式古琴

古琴

仲尼式古琴

二、琴述要

（一）琴的原料及制作

明朝屠隆的《论琴》中有云："琴为书室中之雅乐，不可一日不对清音。居士谈古，若无古琴，新者亦须壁悬一床，无论能操。纵不善操，亦当有琴。渊明云：'但得琴中趣，何劳弦上音'。吾辈业琴，不在记博，唯知琴趣，贵得其真。若《亚圣操》《怀古吟》，志怀贤也；《古交行》《雪窗夜话》，思尚友也。《猗兰》《阳春》，鼓之宣畅布和；《风入松》《御风行》，操致凉飔解愠。《潇湘水云》《雁过衡阳》，起我兴薄秋穹；《梅花三弄》《白雪操》，逸我神游玄圃。《樵歌》《渔歌》，鸣山水之闲心；《谷口引》《扣角歌》，抱烟霞之雅趣。词赋若《归去来》《赤壁赋》亦可咏怀寄兴。清夜月明，操弄一二，养性修身之道，不外是矣。岂徒以丝桐为悦耳计哉。"读到这里，读者就能了解古人为什么那么重视古琴了。

《粤考》有云："琴之为德，可以导养神气，宣和情志。古之明王君子，故咸亲近焉。其制：

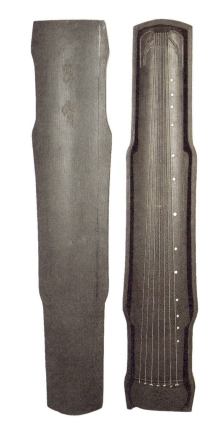

良宵古琴

"秋涧鸣远"铭仲尼式古琴

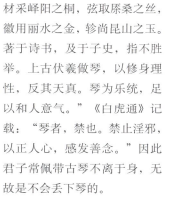

材采峄阳之桐，弦取㴬桑之丝，徽用丽水之金，轸尚昆山之玉。著于诗书，及于子史，指不胜举。上古伏羲做琴，以修身理性，反其天真。琴为乐统，足以和人意气。"《白虎通》记载："琴者，禁也。禁止淫邪，以正人心，感发善念。"因此君子常佩带古琴不离于身，无故是不会丢下琴的。

仲尼式黑漆古琴

139

桐木属于阳，用来制作琴面；梓木属于阴，用来制作琴底，这样做是取阴阳调和之意。琴面呈圆形，象征天；琴底呈方形，象征地。琴宽六寸，是象征六合；长三尺六寸，象征360日周天度。琴徽有13个，以对应律吕天象中的12个月，剩下的一个象征闰月。琴弦有三节，声音自尾到中徽为浊声，自中徽至第四徽为中声，上至第一徽为清声，这与开始是黄钟而最后是应钟的编排程序相同。

琴的上部叫池，池即水，是说其平整。下部叫滨，滨就是服从的意思。古琴前宽后窄，象征尊卑。龙池八寸，象征八面来风；凤池四寸，象征四气应和；腰腹四寸，效法四季气候。舜作五弦，象征五行而与五音相对。第一弦为宫，中央土，次弦为商，西方金；次弦为金，北方水，次弦为羽，东方木；次弦为徵，南方火。以此相递相生，合于四序。大弦为君，小弦为臣，以符合君臣之序。周文王后来加了一根弦，称为少宫；周武王又加了一根弦，称为少商，和前五弦合起来以象征七星。

至于古琴各部分的命名，也都有含义。琴上有龙池，意思是龙潜伏在这里，龙出则兴云布雨，以滋润万物，从而象征人君的仁慈；琴上有凤池，意思是凤浴其中，以清洁其身，象征人君的品德；琴上有轸池，意思是急于发令而顺以成礼。池侧有凫掌二处，有护轸的作用，轸若振动，凫掌合而制止。凤额下有凤嗉一个，起接喉舌而发出声音的作用。琴底有凤足，用黄杨木做成，以此来显示凤足本来的颜色。临岳，像山岳一样陡峻，用枣木做成，表示其赤心。人肩，顾于臣，有俯就随肩的样子。凤翅，左右张开，是违背主人的样子。龙唇，是声音出的地方。龙龈，吟声所生的地方。龙口，固定弦而又有装饰的作用。凤额所以制嗉，还有盛放声音的意思。

"高山流水"古代琴

古琴

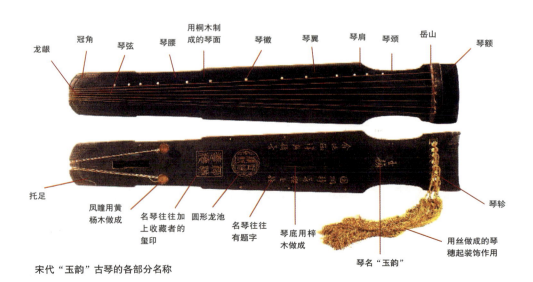

宋代"玉韵"古琴的各部分名称

（图内标注）龙龈　冠角　琴弦　琴腰　用桐木制成的琴面　琴徽　琴翼　琴肩　琴颈　岳山　琴额

托足　凤瞳用黄杨木做成　名琴往往加上收藏者的玺印　圆形龙池　名琴往往有题字　琴底用梓木做成　琴轸　用丝做成的琴穗起装饰作用　琴名"玉韵"

古琴之所以可贵，在于难以制造。而制造之所以难，是因为寻找良材很难。因为古琴的制造，在原则上必须以桐木为面，梓木为底。桐梓虽然多，但并不是凡桐木都可做面，凡梓木都可做底，也绝不能认为桐面、梓底的琴就是好琴。各种材料必都符合所需的条件，方为上选，否则，与非桐非梓的琴就没什么差别了。而且桐也不止一种，有梧桐、花桐、樱桐、刺桐四类。梧桐结的籽像簸箕，花桐春季开花，如玉簪而微红，叫折桐花；樱桐的果实可以榨油；刺桐的木头上下都生有像钉一样的刺，可做梁柱。这四种虽都叫桐，但可以用作制琴的，只有梧桐。

《诗》云："梧桐梓漆，爰伐琴瑟。"因此，制琴必须用梧桐。梧桐的纹理稀疏而坚韧，其他均柔软而不坚韧。俚语云："新为桐，旧为

铜，盖只梧桐为然也。"世上许多人不明此理，不辨桐类，难怪天下良琴难得。同时，梓树的种类也不一样，有楸梓、黄心梓两种。楸梓锯开，色微紫黑。黄心梓的纹理就像楮木一样细。用来做琴底的，只有楸梓，如果是黄心梓就不适用了。

即使是梧桐，亦必砍伐千年以上的树木，其木液已尽，又经过长时间风吹日晒，金石水声都深入其中了。它生长在空旷清幽萧散之地，而不闻尘凡喧杂之声。取来制琴，怎么会不与造化同妙呢？制底之梓亦必须在六七百年以上，锯开后用指甲去抠，坚硬得抠不进才行。试想这样的梧桐、楸梓，哪能那么容易得到呢？因此古人为了取制琴的材料，凡是纸甑、水槽、

梧桐

玉轸和玉足

"大钟"琴

木鱼、鼓腔、败棺、古梁柱、楻桶等物，都可能用来制琴。可是梁柱被重物压损纹理，破棺材很少用梧桐，纸甑、水槽又担心太薄，受湿太多。只有木鱼、鼓腔，早晨、傍晚都近钟鼓，被金声所入，是最好的材料。但也不是所有木鱼、鼓腔都可以制琴，制出好琴的偶然性就更大了。选择制琴材料的难度，可想而知。

琴足适宜用枣心、黄杨或乌木，因为它们非常坚实。足之下必须平坦如铁，切忌尖与凹。足的柄与琴的凿，必须大小相当，不差毫厘。岳、轸、焦尾部件也是以此三种木材为上选，切不可用金玉犀象来装饰琴足，否则就会有被盗之风险。

琴弦以产自蜀中的为最好，秦中、洛水产的为次品，山东、江淮产的为下品，这是因为水土的关系。白色柘丝为上品，秋蚕丝次之。弦取纯白色的，因为其材质有天然的妙处。如果是朱弦，则略使新色即退，色浊就会失去其本质。

古人用金玉做徽，表示琴的贵重。但是这经常给古琴带来灾害。用产珍珠的蚌壳来制徽，清夜弹琴，徽与月光相映，越觉光彩夺目，而外表看上去又不俗。如果是老年人清夜不寐弹琴消遣，而琴又是用金蚌为徽，则会发出色光，与月光一块炫人眼目，不方便老年人弹琴；只有用不反射光的材料做琴徽，才宜于老年人。

古琴式样极其简单，只有夫子、列子两样。

蚌壳

如果是太古时的琴，有的用一段木头制成，没有肩腰，只加岳，也没有焦尾。安焦尾的地方即横嵌坚木，用以承弦。"夫子""列子"也是垂肩而阔，并不像今天耸而狭的式样，也只有夫子、列子这两种式样符合古制。后世的云和式琴，在岳之外刻作云头卷而朝下，通身像壶。也有的在夫子样的琴上遍作竹节形，名竹节样。这些异样不一的琴都不符合古制。有人在第四弦下安琴徽，以达到求异的目的，称此是外国琴，十分可笑。

"春雷"古琴

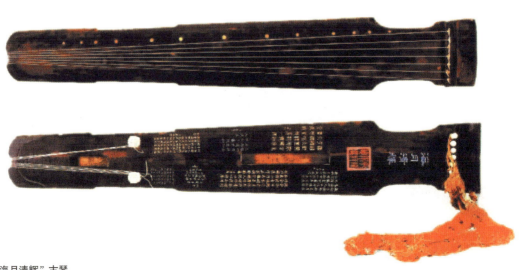

"海月清辉"古琴

数千年中，琴的式样没有多大改变，原因是琴的式样与乐制相关，历代统治者不准轻易改变琴的式样。即使有改变的，虽然非常精妙，也难登大雅之堂。如明代的祝海鹤，取蕉叶作为琴式，叫蕉叶琴。又有人削桐木条，用漆胶粘连，像百衲衣服，叫百衲琴。也有人用龟纹锦片，交错镶嵌玳瑁、象牙、香料、杂木、嵌骨装饰，铺满琴体，称为宝琴。此外，还有铜琴、石琴、紫檀琴、乌木琴等，都失去制琴的宗旨，虽美但不被人称道。

在古代，社会上轻视手艺人，斫琴名手从来得不到表彰，所以琴出名但制琴的人却不出名。汉代蔡邕以焦尾琴闻名于世，才引起社会上的重视。隋代有赵耶利，唐代有雷霄、雷盛、雷威、雷班、雷文、雷迅、沈镣、张越等，都因制琴而闻名。大中进士金儒、僧人三慧，也因为斫琴闻名于世。宋代设置专门管理制琴的官员，所制作琴的长短、大小都有定制，被称作官琴，不符合规定形制的琴称为野斫。宋代的制琴名手有蔡睿、朱仁济、卫中正、赵仁济、马希先、马希仁、金公路、金渊、陈亨道、严樽、马大夫、梅四官人、龚老、林杲等，元代的制琴名手有严古清、施溪云、施谷云、施牧州等，明代则

有成化年间丰城的万隆，弘治年间钱塘的惠祥以及高腾、朱致远、祝海鹤等，其中尤以施、朱两家所制的琴为最多。现在可以见到的明琴，大多数是这两家制作的。而且，明朝时所制作的琴比较精良，当时的士大夫们都很重视。明代还有称作樊氏琴、路氏琴的，也很时尚，被称为新琴的首选，可惜只流传下制琴者的姓，却没有流传下制琴者的名字。

仲尼式琴

"鹤鸣秋月式"琴

"寒泉漱石"琴

（二）古代名琴

琴各有名称。古代的名琴很多，现将最著名的琴简述如下。

清角：黄帝之琴。

绕梁：楚庄之琴。宋明帝大明中，沈怀远被贬广州，制作琴为此名。

焦尾：汉代吴人烧梧桐煮饭，蔡邕听到火裂声，知道所烧之木是良材。要来制琴，声音果然优美，而琴尾犹呈焦状，因此叫焦尾。

绿绮：司马相如的琴。

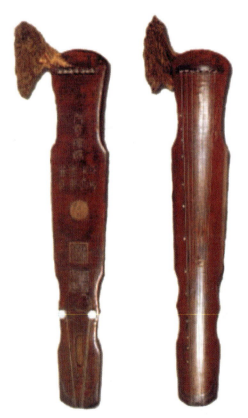

"九霄环佩"琴

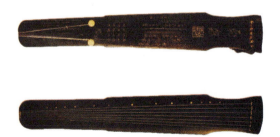

"飞泉"琴

凤凰：赵飞燕的琴。

春雷：唐人所斫。宋时把琴藏在宣和殿万琴堂中，称为第一。以后琴被金章宗所得，为明昌御府第一。章宗死，该琴成了殉葬品。过了18年，该琴又重出人世，没有一点伤痕，又成为诸琴之冠，是天地之间的尤物。

冰清：有两个，一个是唐代开成年中郭亮制造，建中靖国修、在周公谨《云烟过眼录》上有记载。另一个在岳珂《程史》有记载，该琴是唐代宗大历三年三月三日雷氏所斫。贞元十一年（795年）七月八日再修。后来为钱塘沈振收藏。琴腹有晋陵子铭，在士林中很出名。

玉振、黄鹄、秋啸：三琴都是唐代雷氏所斫。都由焦尾、白玉做成岳、轸。都藏在宋代宫廷内府中。

琼响：唐代宗大历五年（770年），道士衡中正奉圣旨斫。崇宁三年（1104年）马希先奉圣旨重新修整。收藏在宋代宫廷内府中。

秋籁：唐代三慧大师斫。鲜于伯机一生都非常喜爱此琴。

怀古：张受益收藏。琴的断纹如丝发，颜色发赤。

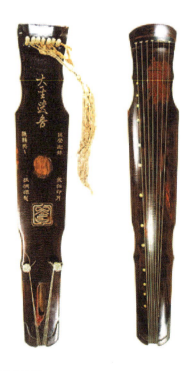

"大圣遗音"琴

南薰：洛中董氏所藏。

大雅、松雪：大雅为黄玉制的轸足。二琴皆为陈子昂收藏。其以"大雅"名堂、"松雪"名斋，义取于此。

浮磬：元代时赵节斋氏收藏。

奔雷：唐代雷威斫，樊泽卜氏收藏。

存古：吴沂永斋藏。

寒玉：唐代沈镣斫。

百衲：唐代雷威斫。琴的内外都是细纹，腹内容三指。内题字"大宋兴国七年，岁次壬午，六月望日，殿前承旨监杭州瓷窑务赵仁济再补修"。

响泉：即蔡邕所传下来的琴，为开成年间的至宝，由内府监收。也有人说此琴是唐人李勉制造的。

鸟玉：大中五年（851年）处士金儒斫。琴名下刻有"高士谈家藏宝"六字。最初收藏在宋宣和殿，以后流传到高士谈手中，后人厌恶士谈，削去琴上"高士谈家藏宝"六字。琴上犹留有刻字痕迹。琴色赤如新栗壳，断纹隐起如虬，是真正的奇物。

冠古、韵琴：二琴都是唐代人张城所制，蜚声士林。

洗凡、清绝：吴钱忠懿王能琴，遣使以廉访为名，去物色适宜斫琴的材料。使者至天台，宿小寺。夜闻瀑布声，声音只在檐外流响。早晨起来观察，瀑布下淙石处正对一屋柱，而柱迎面向日。使者想如果屋柱是桐木，用来制琴定是良琴。以刀削之，果然是梧桐。立即跟寺僧买下来，取阳面能制两张琴的材料，马上报告钱忠懿王，用一年时间斫之既成，献给钱忠懿王。一个叫"洗凡"，一个叫"清绝"，是旷代之宝。后钱氏向宋朝纳土臣服，二琴遂归宋朝御府。

混沌材：来自高丽的异宝。

万壑松：白玉轸足，唐人所斫。宣和御府物。

"梅梢月"琴

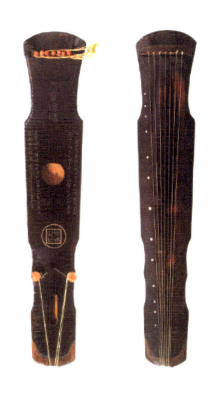

紫漆琴

"九霄环佩"琴

雾中山：伊南田户店簧笛谷隐士赵彦安获一古琴，断纹奇古，真似蛇皮，声音雄远。中题"雾中山"三字，人们都不知其义。后来看《蜀郡三山闲话》上记载："雷氏斫琴，多在峨嵋、无为、雾中三山。"由此可知该琴为雷琴。

蔡邕琴：莫承之收藏。琴的池侧有隶字"中平四年逐客蔡邕吴中斫"。

雷威琴：一为李氏藏，琴中题云："峄阳孙枝匠成雅器，一听秋堂三月忘味"，故号"忘味"，是一代绝品。另一张为姚伯声在浥邑获得，他高兴得夜不能寐。琴中题云："合雅大乐，成文正音，微弦一泛，山水俱深。雷威斫，欧阳询书。"可与忘味琴相匹敌，有人说是超过了忘味琴。另一张琴为滕达道收藏。琴中题云："石山孙枝，样剪伏羲，将扶大隐，永契神机。徐浩书。"类似石刻经书。其一中题云："唐大历三年仲夏十二日，西蜀雷威于杂花亭台"。

玉涧鸣泉：咸通三年（862年），西蜀雷迅士。

石上清泉：唐人斫。

秋塘寒玉：唐雷氏斫。

"枯木龙吟"琴

黑漆仲尼式古琴

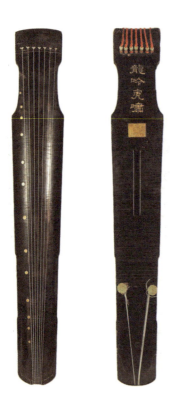

"龙吟虎啸"琴

古琴

三、琴的鉴别

（一）琴的仿制

古琴以琴身上的断纹作为判断年限的依据。因为琴不到 500 年不会出现断纹，其年代越久则断纹越多。因此仿制的人，以仿制断纹作为最关键的事务。他们仿制古琴的方法也不一样，有的用信州薄连纸贴在琴上，先漆一层，再在

朱晦翁藏仲尼式琴

春雷琴

上面加上灰，纸断则琴身留下裂纹。有的是在冬季用猛火烘烤琴，到琴身非常热的时候，再在琴上堆埋冰雪，使之激变成裂纹。也有在造琴的时候，把鸡蛋清放于灰中调成漆，涂抹在琴上，做完后将琴用甑蒸，然后悬挂在干燥的地方，琴干后即裂，有断纹。有的用小刀在琴上刻划断纹。

（二）琴的鉴别

经过长久的岁月后，古琴表面漆光褪尽，色如乌木。古琴经过 500 年后才会出现裂纹，最显著的裂纹有龟纹、梅花纹、蛇腹纹及羊毛纹四种。龟纹像龟背的花纹，很有规律，这是最上品的；梅花纹的纹络如梅花，此纹也佳。以上两种琴纹最为难得，不是千年以上的古琴不会有。其次为蛇腹纹，其纹横截琴面，纹间距离为一寸或二寸，节节相似，就像蛇腹下的花纹。再次是羊毛纹，其纹如毛发，极其细碎，所以又称为细纹，纹络细密均匀，以琴的两旁最多，而近岳处几乎没有。

万壑松琴

有以上四种纹的古琴都是宋以前的，元代以后的琴有上述琴纹则必是仿造的。宋朝以前的漆器不一定有断纹，而琴则必定有断纹。因为一般漆器受力较小，而琴受琴弦的震动则较大。现在经常看到有些古琴上刻有"雷文""张越"等字样，喜爱的人以为很贵重，却不知道这些都是后世添刻的，因为唐代以前制琴的人并不在琴上刊刻自己的名字，所以刻有名字的必是仿制品。

阳琴。其制法是把桐木放在水中，取浮在水面上的一半做面，下半沉者做底。浮为阳，沉为阴，此琴由此得名。又有纯阳琴，即面底皆用浮水之上半。古代没有这种形制，这是后世创立出来的。此类琴声音不低沉，但不能及远。此外有桐面、杉底制成的，但是声音不太好听。也有用漆木做琴底的，因漆木类似梓木，漆液坚凝，古人经常用，但要取未经过漆的大漆木才可用。总之，古琴必以桐面、梓底者为上选。至于桐木的阴阳、浮沉做成古琴后不容易辨别，只有制作者本人知道，其他木质也是只有制作者知道，所以鉴别古琴要以声音为主，而不必在木质上过分计较。

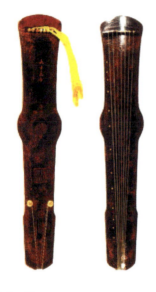

仿"太古遗音"琴

仿制的琴其各种纹理也有与真的古琴近似的，但漆色犹新，与真的古琴不同，无法骗人。因为漆的纹络可以仿制，但漆的颜色却不可仿制。宋代的漆器传到今天，其漆质已变化很大，成为乌黑色，绝无光泽，与木炭相同。且漆质与木质结为一体，故表面常有木纹。明代的漆器就略有光泽。因此，即使能仿制古琴，但其漆色绝对无法仿制，仔细一看，便可分辨优劣。

琴材以桐面、梓底为正确的形制，名琴必须这样。也有琴面、琴底都用桐木的，称作阴

冠古琴

黑漆玉尾仲尼式古琴

宋代以前的琴，多是单纯的黑漆，偶尔也有用金做面、珠玉八宝灰做底的，称为"八宝灰"。明朝还有把鹿角烧成灰做底的，上罩金漆，称为"鹿角灰"。现存的古琴，如果有大片红黄花绿的颜色，看起来非常漂亮的，即为八宝灰。漆底露深黄片段，明润娇嫩的，就是鹿角灰。

"韵涛"琴

还有其他漆法，但鹿角漆、八宝漆是最成功的，因此历代文人都很重视，只是这两种漆法很不容易显露断纹。同一时期的古琴，用单一黑漆做成的已经呈现很显著的美丽的琴纹，而以鹿角漆、八宝漆做成的还没有明显的琴纹，只有迎光仔细观察才能看见漆膜内有断纹，但没有显现出来。因此用断纹来衡量古琴年代的方法只适用于单一黑漆做成的琴，如果漆质内加有其他东西就不容易发现断纹了。

青花古琴

现存唐代的琴有时还可以见到，因古琴在中国历代社会中是最名贵的器物，有时还被看作神器。所以古琴的流传人们都特别重视，持有古琴的人也是尽力保护。这也是千年以上的古琴在今天还能存在的原因。唐代以前的古琴，其断纹的美妙，即使是现在的绘画大师也不能画出，其漆色的温润雅致，即使是现在的喷漆名家也自叹不如。它的美妙绚丽，宛如出自鬼斧神工。古人何以至此，实令人百思不得其解。其价值之高，令人咋舌。

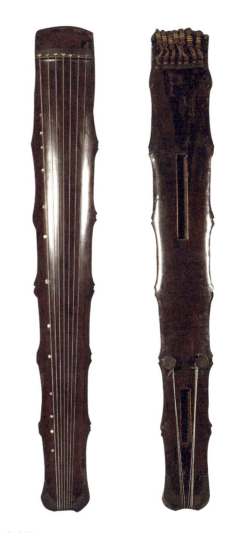

无名古琴

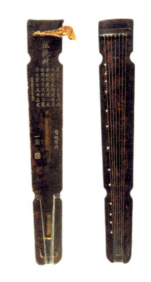

混沌材

古琴

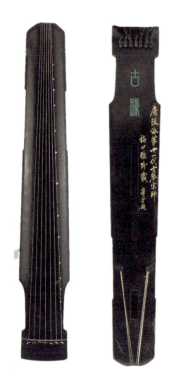

"古梅" 古琴

古琴

海月古琴

四、古代乐器

三弦

　　三弦起源于秦代，原来是夏、商、周三代鼗鼓的形制，后来改变了其形状和发声的方法，称之为弦鼗。唐朝时很多艺人学习其演奏方法，当时的人都以为三弦是胡人的乐器，其实不是。近代的三弦与古代的三弦不同，据《大清会典》记载："断坚木为之，修柄，方槽，圆角，冒以蚺皮。柄下曲贯槽中，上直与槽面平，通长三尺三寸。柄末穿直孔，贯以三轴，左二右一，纳弦，以三轴绾之。槽面设柱，架弦微起，以指甲拨弄发声。"

三彩贴花埙

埙

　　埙用湿泥土制成，大小像鸡蛋，形状像秤锤，上尖下平，内部空心。顶部一个孔是吹口，前面有四个孔，后面有两个孔。所说的"黑点"，就是指后面两孔。

匏槽三弦

红油金漆龙埙

陶埙

奚琴

　　把桐木剖开制成乐器的主体，上面有两根弦，把马尾毛系在木杆上作为弓，用弓在弦上来回抽拉就发出声响。陈旸《乐书》称"此琴为奚部所好，故名"。欧阳修诗云："奚琴本出奚人乐，奚房弹之双泪落。"

151

奚琴

应

这种乐器长六尺五寸，其中有椎，敲击发声以应乐曲。

排箫

用16支竹管并排起来制成，两边没有孔。竹管按阴阳排列，各八管。自左到右依次列为二倍律、六正律；自右到左依次列为二倍吕、六正吕。用木头制成，中间凹呈空格用来安插竹管。管的下端长短不一，两旁长而中央短，都安置在木格内。

彩绘竹胎漆排箫

搏拊

搏拊又叫拊搏，又单称为拊。从前说搏拊是用韦做外壳，里面充塞谷糠，用它来节制乐器。其形状像鼓但要更小，鼓腰上装有环，用来系绳。演奏时，将鼓绳悬挂在脖子上，用左右手击鼓。每当建鼓敲击一下，搏拊就敲击两下以应和。其方法见之于《律吕正义》一书。

搏拊

敔

敔的形状像卧着的老虎，背部有27钼，用木敲打会发出声音，可用来节制演奏。

敔

方响

方响是用 16 枚长方形的钢片制成，全都悬挂在一个架上。钢片斜放着，分为上、下两排，每排八枚。用小铜锤敲击方响，就发出清浊不同的声音，这是因钢片的厚薄不同而产生的差异。

方响

阮咸

阮咸也就是现在的月琴。据《国史纂异》记载："形本正圆，今世俗所用亦同。"清朝少数民族合奏的月琴，改其形制为八角形，用檀木制成器身，槽面用桐木做成，有 4 根弦，槽面上设覆手与琵琶柄，设 17 品，用象牙制成。

阮咸

相传这种乐器是阮咸创造的，因此用他的名字来命名。

柷

用木头制成，形状像方斗，上宽下窄，深一尺五寸。三面都是木板，正中各隆起一部分像鼓，用来承受敲击。另一面正中开了一个圆孔，用来放敲击的用具。演奏时，先击打它用来起乐。用来敲击它的用具称为止。

火不思

火不思是一种四弦乐器，外形像琵琶但比琵琶瘦长。桐木做柄，梨木为槽，半蒙蟒皮，通体长二尺七寸。清朝少数民族合奏时有这种乐器。《元史》作"和必斯"，《长安客话》称其为"浑不似"，这都是读音的转异。

火不思

琵琶

琵琶是一种四弦乐器，把桐木剖开做成。颈部弯曲，头部下垂，正面平整而背部呈圆形，腹部大而呈椭圆形。里面用细钢条做成胆，表面设有四象十三品，像琴的徽位，用来调节声音的清浊。

紫檀镶牙琵琶

《释名》中称琵琶本出自于北方少数民族，是骑在马上弹奏的乐器。推手前称为琵，引手却称为琶。从前都用木片拨动演奏，唐朝贞观年间，裴洛儿开始不用木片拨弦而用手拨动，也就是所说的"搊琵琶"。也有人将其叫作"枇杷"的。现在的琵琶多用六弦。

瑟

古代的瑟是 50 根弦，后来改为 25 根弦。每根弦各有一根柱子，且可以上下移动，以此用来调节声音的清浊与高低。

笙

古代的笙的笙斗用瓠制成，上面装有 13 根竹管，将竹管排列在瓠中。竹管的顶部装有簧片，用口吹就可以发出声音。

觱篥

觱音读"必"，觱篥又叫觱栗。本来是西域龟兹国制作的乐器，后来传入中原地区，唐代制作的九部少数民族音乐中要用到它，宋朝以后都沿袭唐朝乐器的形制。觱篥的芦管上有三个孔，金属做的口在下面。管的顶部装有簧片，用口吹就能发声。觱篥体长七寸，清朝时瓦尔喀音乐中就有这种乐器。

明代制作的牛角篥

雅

雅的形状很像漆筒，弇部大二围，长五尺六寸，用羊皮蒙在上面。有两个钮，画面稀疏。

腰鼓

大的腰鼓用瓦制成，小的腰鼓是用木头制成，都是两头粗大而中部纤细，因此也称为细腰鼓。

鲁山窑腰鼓

彩漆笙

彩绘漆瑟

154